Schriften
des
Vereins für Sozialpolitik.

Untersuchungen über Konsumvereine.
Herausgegeben von
C. J. Fuchs und R. Wilbrandt.

150. Band.
Die Konsumvereinsbewegung in den einzelnen Ländern.
Dritter Teil.
Die Konsumvereine in Holland, Japan, Österreich und der Schweiz.

Verlag von Duncker & Humblot.
München und Leipzig 1923.

Die Konsumvereine in Holland, Japan, Österreich und der Schweiz

Von

G. J. W. C. Goedhart,
Dr. Samezo Kuruma, Siegmund Kaff
und Dr. Karl Pettermand

Verlag von Duncker & Humblot.
München und Leipzig 1923.

Alle Rechte vorbehalten.

Altenburg.
Pierersche Hofbuchdruckerei,
Stephan Geibel & Co.

Inhalt.

	Seite
Die Genossenschaftsbewegung in Holland. Von G. J. W. C. Goedhart (Haag)	1
Das Konsumgenossenschaftswesen in Japan. Von Dr. Samezo Kuruma	9
Erstes Kapitel. Ursprung	11
Zweites Kapitel. Historische Entwicklung und gegenwärtige Lage	13
I. Entwicklung und gegenwärtiger Stand der Einkaufsgesellschaften	13
a) Die Zahl der Einkaufsgesellschaften	13
b) Die Zahl der Mitglieder von Einkaufsgesellschaften	16
c) Die Kapitalien der Einkaufsgesellschaften	17
d) Die Geschäfte der Einkaufsgesellschaften	17
II. Entwicklung und gegenwärtiger Stand der genossenschaftlichen Zusammenschlüsse der Einkaufsgesellschaften und des Zentralverbandes der gewerblichen Gesellschaften	20
a) Die genossenschaftlichen Zusammenschlüsse der Einkaufsgesellschaften	20
b) Der Zentralverband der gewerblichen Gesellschaften	21
III. Gegenwärtiger Stand der Konsumgenossenschaften	24
a) Die Erhebungsmethode	24
b) Das Ergebnis der Erhebungen	25
1. Die territoriale Verteilung der Konsumgenossenschaften	25
2. Arten der Genossenschaften	26
3. Ursachen des Zusammenschlusses	27
4. Mitglieder	27
5. Kapital	27
6. Das Geschäft	28
7. Gewinn und Verlust	29
Schluß	29
Die Konsumvereine in Deutschösterreich. Von Siegmund Kaff	33
Die schweizerische Konsumgenossenschaftsbewegung. Von Dr. Karl Pettermand (Basel)	53

Die Genossenschaftsbewegung in Holland.

Von

G. J. D. C. Goedhart (Haag),
Vorsitzender des Internationalen Genossenschafts-Bundes.

Wer es versuchen will, die niederländische Genossenschaftsbewegung zu schildern, tut am besten, den Leser gleich darauf vorzubereiten, daß in der Geschichte dieser ganzen Bewegung weder großartige Ereignisse noch besonders kühne Pläne zu verzeichnen sind.

Das holländische Sprichwort: „Was langsam geht, das gedeiht", ist ein Abbild der niederländischen Gemütsart. Der Holländer verhält sich allen Neuerungen gegenüber mißtrauisch und überläßt es zunächst anderen, sie einzuführen und Erfahrungen darin zu sammeln. Ist das Resultat günstig, dann allerdings greift er selbst auch zu. Aber als erster etwas wagen, besonders auf dem Gebiete der Sozialpolitik oder des Handels, das ist unvereinbar mit seiner Natur. Wagemutig ist der Niederländer nur, wo es sich um Schiffsunternehmungen, um Börsenspekulationen handelt, in letzter Zeit auch auf dem Gebiete der Luftschiffahrt.

Die Genossenschaftsbewegung allerdings hatte in ihren Anfängen mit so großen Schwierigkeiten zu kämpfen, daß die zögernde Haltung weiter Kreise nicht wundernehmen konnte. Denn wie in allen Ländern, so begeisterte sich auch hier die sozialistische Arbeiterbevölkerung, sobald der Wunsch nach genossenschaftlichem Zusammenschluß in ihr angeregt worden war, zunächst für Produktivgenossenschaften. Der Gedanke, der in den siebziger Jahren vom Ausland her nach den Niederlanden hinüberwehte, war in erster Linie der, daß man versuchen müsse, das Unternehmertum auszuschalten.

Ohne die Vorschule der Konsumgenossenschaften durchgemacht zu haben, wollte man sogleich Produktivgenossenschaften ins Leben rufen. Man machte sich nicht klar, daß es vor allem darauf ankam, für die erzeugten Güter einen Absatzmarkt zu schaffen, Konsumenten zu organisieren, daß man auf die Kaufleute, die der Bewegung natürlich feindlich gegenüberstanden, als Mittelspersonen nicht rechnen könne.

Unter diesen Umständen war es ganz selbstverständlich, daß die ersten Versuche der Produktionsgenossenschaften fehlschlugen und die Arbeitervereine der Genossenschaftsbewegung zunächst kein Vertrauen entgegenbringen konnten. Fügt man noch hinzu, daß die wenigen Konsumvereine, die damals existierten, die üblen Folgen dieses Miß-

trauens bald fühlten, die vertrauensvolleren Kunden das wenige, was
sie erspart hatten, einbüßten, so kann man begreifen, daß der En=
thusiasmus, der die Genossenschaftsbewegung geschaffen hatte, sehr
bald dahinschwinden mußte.

In dieser Stimmung trat erst eine Wendung ein, als Dr. Kerdyk,
der spätere Führer der demokratischen Partei in der Zweiten Kammer,
damals noch ein junger Mann, auf dem Genossenschaftskongreß in
Newcastle die britische Genossenschaftsbewegung kennengelernt hatte.
Was er dort sah und hörte, ergriff ihn, den Demokraten, in tiefster
Seele. Schon auf dem Kongreß selbst gab er seine Absicht kund, nach
dem englischen Beispiel in seinem Vaterlande für die Genossenschafts=
bewegung wirken zu wollen. Und er hat sein Wort gehalten.

Mit fieberhafter Begeisterung fing er an, für die Grundsätze der
Pioniere von Rochdale Propaganda zu machen. Er unternahm Agi=
tationsreisen durch ganz Holland, um die Arbeiterkreise für die Ge=
nossenschaftsbewegung zu gewinnen. Unterstützt wurde er dabei durch
den späteren Minister Dr. Goeman Borgesius, ferner durch Prof.
Pekelharing und Dr. de Witt-Hamel.

Es gelang ihm auch wirklich, etwas Bewegung in die trägen
Arbeitermassen zu bringen. Hie und da wurden Konsumvereine ge=
gründet, mehr aber Sparkassen und Kreditvereine.

Die Genossenschaftsbewegung nahm endlich einen so kräftigen Auf=
schwung, daß die Regierung sich veranlaßt sah, den Generalstaaten
einen Gesetzentwurf, die Genossenschaften betreffend, vorzulegen, der
auch im Jahre 1876 Gesetzeskraft erlangte und seither ohne wesent=
liche Änderung fortbestanden hat.

Wenn nun auch die Genossenschaften durch dieses Gesetz die Rechte
juristischer Personen erlangt hatten, so waren doch noch mancherlei
Hindernisse vorhanden, ehe man den Widerstand der Arbeiterklasse
überwinden konnte. Der Gedanke an die früheren Verluste, der
Mangel an administrativen Kenntnissen, die Schwierigkeiten, sich den
Handelsgepflogenheiten des Kaufmannsstandes anzupassen, die Hals=
starrigkeit, mit der man an veralteten Anschauungen festhielt, das
alles hemmte die Entwicklung der Bewegung.

Hätten wir damals in Holland das Glück gehabt, einen Vausittart
Neale zu besitzen, der sich ganz der Bewegung hätte widmen können,
so wäre die Genossenschaftsbewegung wohl schneller vorwärts ge=
kommen. Es fehlte vor allem an tatkräftigen Personen. Denn

Dr. Kerdyk und seine Freunde hatten außer der Genossenschafts=
bewegung noch viele andere politische Interessen zu verfolgen. Die
holländischen Proletarier aber waren damals noch in vieler Beziehung
sehr rückständig. Und wenn auch Volksfreunde sich allerorts um die
Hebung des Arbeiterstandes bemühten, so sahen sie doch ein, daß zu
einer erfolgreichen Tätigkeit auf diesem Gebiete vor allem eine arbeiter=
freundliche Gesetzgebung nötig sei. Daher wandten sie sich mehr der
politischen Wirksamkeit zu. So entbehrte die Genossenschaftsbewegung
einer energischen Leitung und konnte nur geringe Fortschritte machen.

Ganz unvorhergesehen jedoch trat ein neues Element auf den
Plan, das der Bewegung förderlich sein mußte. Die Beamten und Offi=
ziere befanden sich nämlich in sehr übler Lage. Ihre Gehälter waren
knapp bemessen, trotzdem aber verlangte man von ihnen ein standes=
gemäßes Auftreten. So war ein Auskommen äußerst schwierig. Um
diesen Nöten abzuhelfen, errichtete der Steuereinnehmer Kuyper aus
dem Haag, nach dem Vorbild des österreichischen Beamtenvereins, einen
Konsumverein „Eigen Hulp" (Selbsthilfe), der den Zweck verfolgte,
Beamte und sonstige Angestellte mit billigen Lebensmitteln zu ver=
sorgen und so ihre finanzielle Lage zu verbessern. Der Verein tat zwar
manches, um sein Programm zu verwirklichen. Aber er beging den
großen Fehler, die Arbeiterklasse von der Mitgliedschaft auszuschließen.
Und so blieb er auf einen kleinen Wirkungskreis beschränkt.

Als nach einigen Jahren einsichtsvolle Männer, wie der damalige
Staatsrat Dr. Elias und andere, sahen, daß der Verein Eigen Hulp
nicht leisten konnte, was man von ihm erwartet hatte, wandten sie
sich der Genossenschaftsbewegung zu. Sie gründeten die erste Haager
Genossenschaft. Nach den Statuten durften nur Mitglieder das Vereins
Eigen Hulp der neuen Genossenschaft beitreten. So waren die Arbeiter
abermals ausgeschlossen. Der Verein allerdings erhielt durch diese Be=
stimmung einen großen Zustrom von Mitgliedern und sah seine Ein=
nahmen wachsen. Die Genossenschaftsbewegung war jedoch dadurch in
zwei Lager gespalten, ein bürgerliches und ein proletarisches.

Durch das weitere Vorgehen des Vereins Eigen Hulp wurden
im übrigen die bereits bestehenden Konsumvereine geschädigt. Denn
um seine Kapitalien anzulegen, begründete er in einigen Städten
kleinere genossenschaftliche Unternehmungen, wie Bäckereien, Fleische=
reien, Verkaufsstellen für Obst, Kartoffeln und Kohlen, die zwar oft
nur kurze Zeit bestanden, den Konsumvereinen aber doch Abbruch taten.

Obwohl der Verein Eigen Hulp nicht das beste Prinzip der Dividendenverteilung befolgte, wirkte er dennoch förderlich auf die ganze Bewegung. Denn die durch ihn begründeten Konsumvereine wurden gut verwaltet, da die Beamten und Offiziere, die im Vorstand saßen, Buchführung und Organisation verstanden und befähigt waren, dem Personal gegenüber ihre Autorität zu wahren. Der Verein hatte daher glänzende Erfolge aufzuweisen; die Genossenschaften, die unter seiner Leitung standen, waren in der Lage, Kapital anzuhäufen und hohe Dividenden zu erarbeiten.

Das gute Gedeihen der bürgerlichen Genossenschaften wirkte anregend auf die Arbeiter, die nun von neuem anfingen, sich für die Genossenschaftsbewegung zu erwärmen. Als die Leiter der bürgerlichen Genossenschaftsbewegung das beobachteten, gründeten sie den Niederländischen Genossenschaftsbund, allerdings auch wieder im Anschluß an den Verein Eigen Hulp. Immerhin war dadurch ein Handelszentrum geschaffen, eine Zentralstelle, die sich zum Ziel setzte, genossenschaftliche Bestrebungen aller Art zu unterstützen und zu fördern.

Erst nach Verlauf von Jahrzehnten jedoch trennten sich die bürgerlichen Genossenschaften vollständig von dem Verein Eigen Hulp und schufen den Genossenschaftsbund zu einer Zentralorganisation um, die sämtliche Genossenschaften aller Richtungen umschließen sollte. Dies gelang allerdings erst nach einem verzweifelten Kampf mit dem Vorstand des Eigen Hulp, dessen Existenz natürlich durch die neue Vereinigung gefährdet war.

Die niederländische Genossenschaftsbewegung hätte nun mit dieser Wendung einen großen Aufschwung nehmen können, wenn nicht die sozialdemokratische Arbeiterpartei, die sich erst überhaupt ablehnend gegen die Genossenschaften verhalten hatte, dem Beispiel Belgiens folgend, Genossenschaftsbewegung und Politik miteinander verquickt hätte. Sie betrachtete diese Bewegung lediglich als eine Waffe im Klassenkampf und nahm daher in die Statuten der von ihr begründeten Konsumvereine die Bestimmung auf, daß 10 % des Reingewinns an die Parteikasse abzuführen sei. So konnte natürlich kein neutraler Genossenschafter den von Arbeitern ins Leben gerufenen Vereinen beitreten. Außerdem aber fuhren die Sozialisten fort, überall Genossenschaften zu gründen, auch da, wo schon andere neutrale bestanden, und hemmten dadurch natürlich die Entwicklung dieser.

Wie die bürgerlichen Genossenschaften sich zusammengeschlossen hatten, so schufen nun auch die Sozialisten eine Zentralorganisation, den sogenannten Arbeitergenossenschaftsbund. Doch ist dieser Zustand der Zersplitterung jetzt gemildert.

Der Großeinkaufsgesellschaft gehören jetzt fast alle bedeutenden Konsumvereine Hollands an, und auch die Scheidung zwischen den beiden Zentralorganisationen ist aufgehoben. Der Ausspruch von Elms: „In der Genossenschaft bin ich nur Genossenschaftler", gewinnt auch in den Niederlanden immer mehr Anhänger.

Wie steht es nun mit dem Umfang der Genossenschaftsbewegung in Holland?

Die Entwicklung der Großeinkaufsgesellschaft war bis zum Kriege sehr erfreulich.

Allerdings haben wir keine Umsätze aufzuweisen, wie beispielsweise Schottland, das die gleiche Einwohnerzahl wie Holland besitzt und einen Umsatz der Großeinkaufsgesellschaft von 6 000 000 £ erreicht hat. Auch hinter Dänemark und der Schweiz bleiben wir noch zurück. Aber unser Umsatz nähert sich doch der zwölften Million.

Im ganzen besitzt Holland jetzt ungefähr 2700 Genossenschaften, und zwar Kreditgenossenschaften, Bezugsgenossenschaften, Verwertungsgenossenschaften, Produktivgenossenschaften und Konsumgenossenschaften. Darunter viele, die nicht im juristischen Sinne Genossenschaften zu nennen sind, andere wieder, die zwar echte Genossenschaften darstellen, aber nicht genossenschaftliche Prinzipien befolgen.

Konsumvereine gibt es etwa 350, von denen der größte Teil der Großeinkaufsgesellschaft angehört. Unter den Produktivgenossenschaften sind besonders zu nennen: 93 Bäckereien, 3 Buchdruckvereine, 191 Baugenossenschaften, 5 genossenschaftliche Küchen.

Auch das Versicherungswesen haben die Genossenschaften aufgenommen. Es existieren für diesen Zweck 39 verschiedene Genossenschaften. Augenblicklich besitzen alle holländischen Genossenschaften insgesamt zirka 650 000 Mitglieder, und täglich ist ihre Zahl im Wachsen.

Es ist nur zu bedauern, daß durch den Mangel an Neutralität in religiöser Beziehung eine Zersplitterung noch immer existiert und dadurch die ganze Bewegung nicht die gleiche Macht wie in den anderen Ländern entfalten kann.

Die Molkereigenossenschaften haben fast den gesamten Butterverkauf und -Export in der Hand, und diese Zentralisation trägt viel dazu bei, den Wohlstand der ländlichen Bevölkerung zu fördern.

Professor Treub, der frühere Minister für Ackerbau, Handel und Industrie sagt: „In der Genossenschaftsbewegung lernen die Mitglieder, was sie zu tun und zu lassen haben, um dieser Bewegung zum Sieg zu verhelfen." Und wer sich praktisch an der Genossenschaftsbewegung beteiligt hat, der weiß, daß er darin recht hat.

Die holländischen Genossenschaften fangen jetzt wenigstens an, die Grundsätze der Pioniere von Rochdale zu begreifen, und so ist es nur eine Frage der Zeit, daß auch in Holland die genossenschaftlichen Ideen sich durchsetzen und zum Siege gelangen.

Das Konsumgenossenschaftswesen in Japan.

Von

Dr. Samezo Kuruma,
Research Member of the Ohara Institute of Social Research.

Aus dem englischen Original übersetzt[1]).

---

[1]) Die Übersetzung ist Herrn Dr. Hans Adolf Harber zu danken. Die umfangreichen Tabellen, sowie manche an sich wertvolle und exakte statistische Untersuchung mußten, soweit sie nicht auf unser Thema direkt Bezug haben, im Interesse der Vereinsfinanzen stark gekürzt werden; doch handelt es sich dabei lediglich um Stellen, die für eine allgemeine Genossenschaftsgeschichte wichtig wären, nicht aber für das hier maßgebende Erkenntnisziel.

Erstes Kapitel. Ursprung.

Die Geschichte der Konsumgenossenschaften in Japan beginnt mit dem Inkrafttreten des Gesetzes über die gewerblichen Gesellschaften von 1900. Wir müssen daher die Umstände schildern, unter denen dieses Gesetz entstand.

Während des deutsch-französischen Krieges wurde Yajiro Shinagawa nach Frankreich gesandt, um die politischen und sozialen Verhältnisse dort zu studieren. Nach dem Kriege ging er nach Berlin und blieb dort längere Zeit. Zur selben Zeit wurde auch Viscount Josuka Hirata von der Regierung als Student dorthin gesandt.

Auf beide machten die industriellen und sozialen Verhältnisse Deutschlands tiefen Eindruck. Deutschland befand sich zu jener Zeit in einem Übergangsstadium. Besonders galt die Genossenschaftsbewegung als eines der wirksamsten Allheilmittel. Infolge dieser Eindrücke entstand unser Gesetz über die gewerblichen Gesellschaften, und die Genossenschaftsbewegung setzte ein.

Sie erkannten die Wachstumstendenz des Kapitalismus und den fortgesetzten Verfall der Klasse der kleinen Produzenten, und da sie dies für die Entwicklung des Landes als gefährlich ansahen, waren sie entschlossen, diese Tendenz durch die Schaffung von Genossenschaften aufzuhalten.

Es gibt zwei Gesichtspunkte, die sich gegen die Tendenz der Klassentrennung, wie sie sich aus der kapitalistischen Wirtschaftsweise ergibt, geltend machen lassen. Erstens kann man offen die Konzentration von Kapital und Unternehmungen als ein Ergebnis natürlicher ökonomischer Entwicklung anerkennen und die Abschaffung der privaten Verfügungsgewalt und des privaten Eigentums an den Produktionsmitteln als den einzigen Weg, der aus diesen Schwierigkeiten herausführt, annehmen. Zweitens kann man das Vorhandensein kleiner Produzenten als für die Gesellschaft wünschenswert betrachten und an die Möglichkeit glauben, dadurch die Mißstände des wirtschaftlichen Fortschritts zu beseitigen. Es kann nun nicht geleugnet werden, daß ein unvereinbarer Gegensatz zwischen diesen beiden Gesichtspunkten besteht. Auf der anderen Seite ist es klar, daß das letzte

Ziel in der Konsumgenossenschaftsbewegung — falls ein solches überhaupt vorhanden ist — darin besteht, das Profitmachen zu verhindern und die Kontrolle der Produktion den Konsumenten oder dem Gemeinwesen zu sichern. In dieser Hinsicht besteht ein wesentlicher Unterschied von den anderen Genossenschaftsarten, deren Zwecke ziemlich unvereinbar sind mit denen, welche die Förderer von jenen im Auge hatten.

Die Tatsache nun, daß diese Förderer Konsumgenossenschaften ebenso wie andere Genossenschaften unterstützten, muß durch einen der beiden folgenden Gründe erklärt werden: entweder sie haben die Konsumgenossenschaften lediglich als eine Einrichtung, um billig Waren zu besorgen, betrachtet, oder sie haben sie als eine Art der Genossenschaften unkritisch aus Deutschland übernommen.

In der Tat drückt sich die Geringschätzung der Funktion wie die Unkenntnis über das Wesen der Konsumgenossenschaften in den geltenden Gesetzen wie auch im gegenwärtigen Stand der Entwicklung aus.

Im Jahre 1891, als Shinagawa Minister des Innern wurde, beauftragte er Viscount Hirata, der damals Präsident des Bureau of Legislation war, ein Gesetz über Kreditgenossenschaften auszuarbeiten. Jedoch wurde das Parlament, gerade als der Entwurf des Gesetzes vorgelegt war, aufgelöst, und das Gesetz blieb unerledigt. Es wurde deshalb eine starke Propaganda gemacht mit dem Ergebnis, daß in wenigen Jahren mehr als 150 Genossenschaften gegründet wurden. Im Jahre 1897 wurde ein neuer Gesetzentwurf vom Landwirtschafts- und Handelsminister als „Gesetz über die gewerblichen Gesellschaften" vorgelegt, welcher außer für Kreditgenossenschaften für vier andere Gesellschaftsarten gelten sollte, nämlich: 1. für Gesellschaften zum Verkauf von Erzeugnissen der Mitglieder; 2. für Gesellschaften zum gemeinsamen Einkauf von Industrieprodukten und Lebensbedürfnissen; 3. für Produktivgesellschaften und 4. für Gesellschaften zur gemeinsamen Anschaffung und Benutzung von Produktionsmitteln. Das Oberhaus lehnte aber den Gesetzentwurf mit der Begründung ab, daß die Zeit noch nicht reif sei. Und bevor die Diskussion beendet war, wurde die Sitzungsperiode geschlossen. Im Sommer 1899 beauftragte die Regierung Okana und andere mit der Ausarbeitung eines neuen Entwurfs für ein Gesetz über die gewerblichen Gesellschaften. Noch im gleichen Jahre konnte der Entwurf dem Parlament vorgelegt werden, das ihn im Frühjahr 1900 verabschiedete. Dies Gesetz wurde durch Novellen von 1906, 1909 und 1917 abgeändert und ist noch gegenwärtig gültig.

Zweites Kapitel. Historische Entwicklung und gegenwärtige Lage.

Die Konsumgenossenschaften haben in Japan unter der Herrschaft des Gesetzes über die gewerblichen Gesellschaften keine anerkannte selbständige Existenz. Sie erscheinen als Einkaufsgesellschaften oder als Rohmaterialgesellschaften. Infolgedessen fehlen den vorhandenen Statistiken besondere Übersichten über die Konsumgenossenschaften. Wir müssen daher, um eine statistische Darstellung der geschichtlichen Entwicklung der Konsumgenossenschaften zu gewinnen, die Entwicklung der Einkaufsgesellschaften betrachten. Natürlich gibt es in Japan dann auch keine besondere Zentralorganisation der Konsumgenossenschaften. Es sind nur genossenschaftliche Zusammenschlüsse der Einkaufsgesellschaften („Co-operative Purchasing Societies Associations") und ein Zentralverband der gewerblichen Gesellschaften („Central Industrial Societies Union") vorhanden.

Um dem Mangel in der Statistik über die Konsumgenossenschaften abzuhelfen, hat das Ohara Institute of Social Research im Frühjahr 1920 begonnen, Erhebungen darüber anzustellen. Jedoch bedauern wir, daß wir infolge der Schwierigkeiten und aus Mangel an Zeit nicht befriedigende Resultate aufweisen können. Aber unser Institut will weiter Untersuchungen machen, und wir hoffen, daß wir dann bald einen vollständigen Überblick gewinnen werden.

I. Entwicklung und gegenwärtiger Stand der Einkaufsgesellschaften.

a) Die Zahl der Einkaufsgesellschaften.

Außer den gewöhnlichen Einkaufsgesellschaften gibt es deren in Japan sieben Arten, die „gemischte Geschäfte" machen, nämlich:

1. Einkaufs- und Kreditgesellschaften,
2. Einkaufs- und Produzentengesellschaften,
3. Einkaufs- und Verkaufsgesellschaften,
4. Kredit-, Einkaufs- und Produzentengesellschaften,
5. Kredit-, Einkaufs- und Verkaufsgesellschaften,

6. Verkaufs-, Einkaufs- und Produzentengesellschaften,
7. Kredit-, Verkaufs-, Einkaufs- und Produzentengesellschaften.

Die folgende Übersicht zeigt die Zahl der Einkaufsgesellschaften seit Schluß des Jahres 1900 an, in welchem Jahre das Gesetz über die gewerblichen Gesellschaften in Kraft trat.

Jahr	Einfache Eink.-Gesellschaft	Einkaufs- und Kreditgesellschaft	Einkaufs- und Produz.-Ges.	Einkaufs- und Verkaufsges.	Kredit-, Eint.- u. Produkt.-Ges.	Kredit-, Eint.- u. Verkaufs-Ges.	Verkaufs-, Eint.- u. Produv.-Ges.	Kredit-, Verl., Eint.-, Prod.-G.	Insgesamt
1900	2	—	1	3	—	—	1	—	7
1909	756	838	49	460	19	702	214	254	3292
1917	414	2710	25	401	49	2964	180	1111	7854

Wenn man Blüte und Verfall der acht Arten von Einkaufsgesellschaften überblickt, so zeigt sich, daß die Zahl der gewöhnlichen Einkaufsgesellschaften die Tendenz zum Fallen hat, und unter den übrigen stehen die Gesellschaften, die Kreditgeschäfte betreiben, am besten da. Diese Tatsache zeigt die Notwendigkeit der Kreditgeschäfte betreibenden Gesellschaften in Japan.

Die Gesamtzahl der Einkaufsgesellschaften, die Ende 1900 nur sieben betrug, stieg von Jahr zu Jahr und belief sich Ende 1909 auf 3292, was für dieses Jahr einen Zuwachs von 1019 Gesellschaften gegenüber dem Vorjahre bedeutete. Die Zunahme hat 1910 und 1911 noch 950 beziehungsweise 966 betragen; aber von nun an begann die jährliche Zunahme geringer zu werden, bis sie im Jahre 1917 nur noch 193 betrug. Man kann daher sagen, daß die Wachstumstendenz ihren Höhepunkt 1909 erreicht hatte. Es zeigt sich hier, daß die Zahl der Einkaufsgesellschaften sich nach und nach dem tatsächlich vorhandenen Bedürfnis nach solchen angepaßt hatte.

Die folgende Tabelle zeigt die Entwicklung der verschiedenen Geschäftsarten der Gesellschaften von 1900 an, wodurch die Stellung der Einkaufsgesellschaften unter den übrigen aufgezeigt wird.

(Siehe Tabelle S. 15.)

Die Art der Organisation ist bei den Einkaufsgesellschaften meistens und in wachsendem Prozentsatz die mit beschränkter Haftung[1].

---

[1] In Japan haften die Gesellschafter einer Gesellschaft mit beschränkter Haftung nur mit dem Betrag ihrer Einlage.

Das Konsumgenossenschaftswesen in Japan. 15

Am Ende des Jahres	Einkaufs= gesellschaften	Kredit= gesellschaften	Produ= zentenges.	Verkaufs= gesellschaften	Insgesamt	Gesamtzahl der gewerbl. Gesellschaft.
1900	7	13	2	5	27	21
1909	3 292	3 823	738	1 989	9 842	5 690
1917	7 854	10 490	1 845	5 547	25 736	12 025
Prozent= satz Ende 1917	30,52	40,76	7,17	21,55	100	

Prozentsatz der Organisationsformen in vier Arten einfacher Gesellschaften, Ende 1917:

Organisationsform	Kredit= gesellschaften	Einkaufs= gesellschaften	Verkaufs= gesellschaften	Produzenten= gesellschaften
beschränkte Haftung...	63,4	81,2	87,5	88,7
unbeschränkte Haftung..	35,1	17,4	8,1	9,8
eingetr. Genossenschaften mit beschr. Haftung..	1,5	1,4	4,4	1,5

Es gibt allerdings keine genaue Statistik darüber, wie viele unter den Gesellschaften als Konsumgenossenschaften angesprochen werden können. Aber für die Zeit nach 1912 können doch die folgenden Tatsachen dem „Manual of the Industrial Societies" entnommen werden. Wenn man den Begriff Konsumgenossenschaften weit faßt und auch diejenigen Gesellschaften einbezieht, die überhaupt mit den Bedürfnissen des täglichen Lebens handeln, ergibt sich: Die Mehrzahl der Einkaufsgesellschaften in Japan ist eine Vereinigung von Rohmaterialeinkaufsgesellschaften und Konsumgenossenschaften. Die Nur=Einkaufsgesellschaften stehen erst an zweiter Stelle, und die Zahl der Gesellschaften, welche keine Einkaufsgeschäfte betreiben, beträgt nur etwa 20 % der Gesamtzahl.

Gleichzeitig kann man feststellen, daß die Zahl der Gesellschaften, welche die Rohmaterialeinkaufsgesellschaft und die Konsumgenossenschaft in sich vereinigen, geringer wird. Die reinen Rohmaterialeinkaufsgesellschaften nehmen allmählich den Platz ein.

Ein großer Teil der Gesellschaften sind landwirtschaftliche Genossenschaften, deren Haupthandelsobjekt Dünger ist. Außerdem handeln sie auch mit anderen Waren. Und dies ist die Erklärung dafür, daß solche Gesellschaften, die den Rohmaterialeinkauf besorgen und zugleich den Charakter der Konsumgenossenschaften tragen, in Japan so zahlreich sind.

b) Die Zahl der Mitglieder von Einkaufsgesellschaften.

Über die Mitgliederzahl der Einkaufsgesellschaften gibt es vor 1902 keine Statistiken. Die folgende Übersicht zeigt die Zahl der Mitglieder der Einkaufsgesellschaften, einschließlich derjenigen, welche gemischte Geschäfte betreiben, die durchschnittliche Mitgliederzahl einer Einkaufsgesellschaft und einer gewerblichen Gesellschaft überhaupt, jeweils am Ende des Jahres.

Am Ende des Jahres	Mitgliederzahl der Einkaufsgesellschaften	Durchschnittliche Mitgliederzahl der einzelnen Einkaufsgesellschaften	Durchschnittliche Mitgliederzahl b. einzelnen gewerbl. Gesellsch. überh.
1903	12 768	57	79
1916	965 286	126	128

Um die gewerblichen Gesellschaften vergleichen zu können, sei im folgenden die durchschnittliche Mitgliederzahl der einzelnen Gesellschaften angegeben:

1. Kredit-, Einkaufs- und Produzentengesellschaften . . . . . . 154 Personen
2. Kredit-, Verkaufs-, Einkaufs- und Produzentengesellschaften . 147 „
3. Einfache Kreditgesellschaften . . . . 141 „
4.   „   Einkaufsgesellschaften . . . . 130 „

In den Einkaufsgesellschaften, sowohl in denjenigen, die ausschließlich Einkaufsgeschäfte, als auch in denjenigen, die verschiedene Geschäfte nebeneinander betreiben, haben die Bauern sowohl der Zahl als auch dem Prozentsatz nach den größten, von Jahr zu Jahr steigenden Anteil. Aus dieser Tatsache können wir die Entwicklung und die Vorrangstellung der Einkaufsgesellschaften in den Dörfern Japans erkennen. Doch ist der Prozentsatz der Bauern unter den Mitgliedern der einfachen Einkaufsgesellschaften wesentlich geringer als in den Einkaufsgesellschaften einschließlich derjenigen mit gemischten Geschäften und vermindert sich noch von Jahr zu Jahr. Es ist festzustellen, daß in den einfachen Einkaufsgesellschaften der Prozentsatz der Mitglieder der Gruppe „Verschiedene" verhältnismäßig größer ist. Diese Tatsache zeigt, daß die einfachen Einkaufsgesellschaften in den Städten verhältnismäßig zahlreicher vertreten sind.

In den Einkaufsgesellschaften mit gemischten Geschäften stellen die Bauern die größere Zahl der Mitglieder. Besonders groß ist ihr Anteil in den Einkaufs- und Produzentengesellschaften.

c) Die Kapitalien der Einkaufsgesellschaften.

Das Kapital der Einkaufsgesellschaften setzt sich zusammen aus voll eingezahltem Kapital, Reserve und Darlehen. (Die Depositen derjenigen Einkaufsgesellschaften, die Kreditgeschäfte betreiben, sind hier nicht berücksichtigt, da sie für die anderen Gesellschaftsarten nicht in Betracht kommen.)

Kapitalien der Einkaufsgesellschaften einschließlich derjenigen mit gemischten Geschäften (in Yen):

Am Ende des Jahres	Eingezahltes Kapital	Reservefonds	Darlehen	Insgesamt	Durchschnittskapital d. einzelnen Ges.
1903	103 759	6 475	91 190	201 424	899
1916	14 753 569	6 002 401	11 148 264	31 904 234	4 165

Das Durchschnittskapital der einfachen Einkaufsgesellschaft ist sehr viel kleiner als das der Einkaufsgesellschaft mit verschiedenen Geschäftsarten. Der Betrag der ersteren beläuft sich nur auf 66 % von demjenigen der zweiten.

Die folgende Übersicht zeigt das Durchschnittskapital einer einfachen Einkaufsgesellschaft und seine prozentuale Zusammensetzung.

Zusammensetzung des Kapitals	Durchschnittskapital der einzelnen Gesellschaft	Prozentsatz
Eingezahltes Kapital	1 397 Yen	51,01
Reservefonds	598 „	21,81
Aufgenommene Darlehen	745 „	27,18
Summe	2 740 Yen	100

d) Die Geschäfte der Einkaufsgesellschaften.

Die folgende Tabelle zeigt den Wert der Waren, welche von allen Einkaufsgesellschaften eingekauft wurden:

Jahr	Gesamtwert der eingekauften Waren	Auf die einzelne Gesellschaft entfallender Durchschnittsbetrag	Auf das einzelne Mitglied entfallender Durchschnittsbetrag
1903	223 271	997	18
1916	36 719 970	4 793	38

Ende 1916 belief sich also der Wert des durchschnittlichen Einkaufs der einzelnen Gesellschaft auf 4793 Yen und des einzelnen Mitgliedes auf 38 Yen. Es kann also nicht behauptet werden, daß es sich hier schon um große Umsätze handelt. Da die Hauptmasse der eingekauften Waren Rohmaterialien sind, kann das Geschäft der Konsumgenossenschaften noch nicht über die ersten Stadien der Entwicklung hinausgekommen sein. Wenn wir aber den Stand von 1903 mit demjenigen von 1916 vergleichen, werden wir bereits einen bemerkenswerten Fortschritt feststellen. Während dieser 13 Jahre erhöhte sich der Wert des Einkaufs um mehr als das 164 fache, der Durchschnittseinkauf einer Gesellschaft um etwa das Fünffache und der des einzelnen Mitgliedes um mehr als das Zweifache. Bei den einfachen Einkaufsgesellschaften sind die auf die einzelne Gesellschaft und auf das einzelne Mitglied entfallenden Beträge sehr viel größer.

Wert der eingekauften Waren bei den einfachen Einkaufsgesellschaften in Yen:

Jahr	Gesamtwert der aufgekauften Waren Yen	Zahl der Gesellschaften, von denen Angaben vorliegen	Auf die einzelne Ges. entfallender Durchschnittsbetrag Yen	Auf das einzelne Mitgl. entfallender Durchschnittsbetrag Yen
1912	3 641 646	521	6 989	69
1916	3 060 321	364	8 407	64

Die vorstehende Übersicht berücksichtigt sowohl die Gesellschaften, die Rohmaterialien, wie auch diejenigen, die Bedarfsgegenstände des täglichen Lebens einkaufen. Die folgende Übersicht zeigt, wieviel Einkaufsgesellschaften, einschließlich derjenigen mit gemischten Geschäften, den Verkauf von Rohmaterialien und wie viele denjenigen von Gegenständen des täglichen Bedarfs besorgen, und welche Summen in diesem Geschäft umgesetzt werden.

Die von allen Einkaufsgesellschaften verkauften Waren:

	1912	1916
Zahl der Gesellschaften überhaupt	5 932	7 661
" " " , von denen Angaben vorliegen .	5 298	6 862
" " " , die dieses Geschäft betreiben . .	4 095	5 442
Wert der verkauften Waren in Yen	19 430 133	33 814 481
Zahl der Gesellschaften, die Gegenstände des täglichen Bedarfs verkaufen	3 417	4 129
Wert dieser verkauften Waren in Yen	7 849 215	8 456 714
Zahl der Gesellschaften, die mit Industriewaren handeln	3 548	4 776
Wert dieser verkauften Waren in Yen	11 580 918	25 360 767

Prozentueller Anteil der Gegenstände des täglichen Bedarfs und der Industriewaren an den überhaupt verkauften Waren:

Jahr	Gegenstände des täglichen Bedarfs %	Industriewaren (Industrialgoods) %
1912	40	60
1913	37	63
1914	41	59
1915	28	72
1916	25	75

Wir ersehen, daß der größte Teil der Einkaufsgesellschaften in Japan sich aus ländlichen Gesellschaften zusammensetzt, welche zur Hauptsache mit Rohmaterialien, insbesondere mit Dünger, und erst in zweiter Linie mit Gegenständen des täglichen Bedarfs handeln.

Der hauptsächlichste Bedarfsartikel des täglichen Lebens ist Reis; es folgen geistige Getränke, Salz, Petroleum, Soja (eine pikante Sauce), Tuche, Zucker usw. Die folgende Übersicht zeigt Art und Wert der im Jahre 1916 verkauften Gegenstände des täglichen Bedarfs.

Die im Jahre 1916 verkauften Gegenstände des täglichen Bedarfs in Yen:

Reis	1 865 247
Gerste und Weizen	47 248
Andere Getreidearten	171 961
Salz	512 655
Soja	365 655
Zucker	430 014
Geistige Getränke	1 305 521
Fadennudeln	70 122
Fische	134 872
Brennmaterial	261 697
Petroleum	481 336
Tuche	440 150
Andere Waren	2 367 230
Summe	8 453 714

Es ist selbstverständlich, daß Reis, das hauptsächlichste Nahrungsmittel in Japan, an erster Stelle steht und Salz an zweiter; aber die Tatsache, daß Petroleum dann an dritter Stelle folgt, zeigt den ländlichen Charakter der Einkaufsgesellschaften.

Es wurde schon erwähnt, daß seit Verkündigung des Gesetzes über die gewerblichen Gesellschaften die Einkaufsgesellschaften sich unter jedem Gesichtspunkt von Jahr zu Jahr günstig entwickelten, und daß auch noch heute diese gute Entwicklung weiter geht. Aber da der größte Teil von ihnen mit Rohmaterialien und nicht mit Gegenständen des täglichen Bedarfs handelt, kann die Zahl der Gesellschaften, welche als Konsumgenossenschaften angesprochen werden können, nur sehr gering sein, selbst dann, wenn wir die Bedeutung des Wortes Konsumgenossenschaft sehr weit fassen.

II. Entwicklung und gegenwärtiger Stand der genossenschaftlichen Zusammenschlüsse der Einkaufsgesellschaften und des Zentralverbandes der gewerblichen Gesellschaften.

Durch das Gesetz über die gewerblichen Gesellschaften wurden zwei Arten von Zusammenschlüssen der gewerblichen Gesellschaften offiziell anerkannt, nämlich erstens die genossenschaftlichen Zusammenschlüsse der gewerblichen Gesellschaften und zweitens der Zentralverband der gewerblichen Gesellschaften. Die ersteren sind die örtlichen Vereinigungen für die Geschäfte der gewerblichen Gesellschaften, und der zweite ist der Zusammenschluß über das ganze Land. Neben den Geschäften, die auch die ersteren zu erledigen haben, besteht die Haupttätigkeit des Zentralverbandes in der Aufklärung und Propaganda.

a) Die genossenschaftlichen Zusammenschlüsse der Einkaufsgesellschaften.

In Japan sind genossenschaftliche Zusammenschlüsse von vier Arten von Gesellschaften offiziell anerkannt, nämlich:

1. von Kreditgesellschaften,
2. von Verkaufsgesellschaften,
3. von Einkaufsgesellschaften,
4. von Produzentengesellschaften,

und außerdem von allen Gesellschaften, die verschiedene Geschäfte nebeneinander betreiben. Die folgende Übersicht zeigt die Zahl der genossenschaftlichen Zusammenschlüsse von allen Arten Einkaufsgesellschaften, einschließlich derjenigen, die gemischte Geschäfte betreiben. Diese genossenschaftlichen Zusammenschlüsse von gewerblichen Gesellschaften wurden durch die Revision von 1919 des Gesetzes über die gewerblichen Gesellschaften offiziell anerkannt.

Die genossenschaftlichen Zusammenschlüsse der einzelnen Arten von Einkaufsgesellschaften:

Am Ende des Jahres	Von einfachen Einkaufsgesellschaften	Von Einkaufs- und Kreditgesellschaften	Von Einkaufs- und Verkaufsgesellschaften	Von Kredit-, Einkaufs- und Verkaufsges.	Von Kredit-, Verkaufs-, Einkaufs- u. Prod.-Gesellschaften	Insgesamt
1910	—	1	—	3	1	5
1917	8	11	9	16	1	45

Was nun die Verteilung der genossenschaftlichen Zusammenschlüsse auf die einzelnen Verwaltungsbezirke betrifft, deren es in Japan 47 gibt, so verteilten sich die für Ende 1917 erwähnten 45 Zusammenschlüsse auf 25 Verwaltungsbezirke; am stärksten sind sie in Okayama (7) und in Mihe (6) vertreten. Obgleich sie verhältnismäßig groß an Zahl sind, ist ihre Bedeutung doch gering, wie die nachstehende Übersicht zeigen wird.

Stand der genossenschaftlichen Zusammenschlüsse von Einkaufsgesellschaften am Ende des Jahres 1916:

```
Zahl der genossenschaftlichen Zusammenschlüsse von Einkaufs-
   gesellschaften. . . . . . . . . . . . . . . . . . . . . . .        39
Zahl der ihnen angehörenden Gesellschaften . . . . . . . .      1 369
Zahl der Kapitalanteile. . . . . . . . . . . . . . . . . .      2 127
Gesamtkapital . . . . . . . . . . . . . . . . . . . . Yen     354 070
Eingezahltes Kapital. . . . . . . . . . . . . . . . . „       192 925
Reservefonds . . . . . . . . . . . . . . . . . . . . . „       32 042
Genommene Darlehen . . . . . . . . . . . . . . . . . . „      298 331
Wert der eingekauften Waren . . . . . . . . . . . . . „       565 279
Wert der verkauften Waren . . . . . . . . . . . . . . „       569 381
   davon Gegenstände des täglichen Bedarfs . . . . . . „       49 937
   davon Industriewaren . . . . . . . . . . . . . . . „       519 444
Gewinn . . . . . . . . . . . . . . . . . . . . . . . „        31 142
```

Die Tatsache, daß der Wert der von ihnen verkauften Gegenstände des täglichen Bedarfs noch nicht 50 000 Yen beträgt, zeigt uns ihre geringe Bedeutung.

b) Der Zentralverband der gewerblichen Gesellschaften.

Der Zentralverband der gewerblichen Gesellschaften ist ebenfalls durch die Revision von 1909 des Gesetzes über die gewerblichen Gesellschaften anerkannt worden; allerdings ist er schon auf Anregung des

Viscount Hirata, des Nestors der gewerblichen Gesellschaften in Japan, gegründet worden. Er gab schon einen Monatsbericht heraus, veranstaltete Vorträge, gewährte seinen Mitgliedern Vergünstigung und berief die alljährlichen Jahresversammlungen der gewerblichen Gesellschaften des ganzen Landes. Nach der Revision von 1909 brachte er seine Statuten in Übereinstimmung mit diesem Gesetz.

Zur selben Zeit wurde es ihm durch kaiserliche Verordnung erlaubt, zugunsten der Gesellschaften und genossenschaftlichen Zusammenschlüsse Produktion und Einkauf zu besorgen. Diese neue Tätigkeit stand jedoch nur auf dem Papier.

Nach den Satzungen sind die Aufgaben des Zentralverbandes die folgenden:

Erster Abschnitt.

1. Die Gründung von gewerblichen Gesellschaften und von genossenschaftlichen Zusammenschlüssen solcher Gesellschaften zu veranlassen und zu unterstützen;
2. die Leitung solcher Gesellschaften und genossenschaftlicher Zusammenschlüsse zu übernehmen;
3. den Wert solcher Gesellschaften und genossenschaftlichen Zusammenschlüsse darzutun;
4. sich zu bemühen, die Gesellschaften und genossenschaftlichen Zusammenschlüsse miteinander in Verbindung zu bringen und ihnen Vergünstigungen bei der Ausübung ihrer Geschäfte zu gewähren;
5. Vorträge über Gesellschaften und genossenschaftliche Zusammenschlüsse zu liefern;
6. Forschungen über gewerbliche Gesellschaften und deren genossenschaftliche Zusammenschlüsse anzustellen;
7. Anfragen der Mitglieder zu beantworten;
8. die Zeitschrift des Zentralverbandes herauszugeben;
9. Bücher über gewerbliche Gesellschaften und deren genossenschaftliche Zusammenschlüsse zu veröffentlichen;
10. andere Aufgaben, die das Ziel des Zentralverbandes verlangen, zu lösen.

Zweiter Abschnitt.

1. Dünger und andere Waren, nach der Entscheidung des Vorsitzenden des Zentralverbandes, einzukaufen und an die Gesellschaften und genossenschaftlichen Zusammenschlüsse zu verkaufen, soweit sie Mitglieder des Zentralverbandes sind;
2. eine Produktensammlung und andere Einrichtungen, nach der Entscheidung des Vorsitzenden, zu schaffen und sie den angeschlossenen Gesellschaften und genossenschaftlichen Zusammenschlüssen zugänglich zu machen.

Es kann jedoch nicht behauptet werden, daß alle diese Aufgaben, insbesondere die des zweiten Abschnitts, in Angriff genommen worden sind.

Es gibt zwei Arten von Mitgliedern, ordentliche und unterstützende. Die ordentlichen Mitglieder sind gewerbliche Gesellschaften und genossenschaftliche Zusammenschlüsse von solchen, die dem Zentralverband beigetreten sind; die unterstützenden Mitglieder billigen lediglich die Ziele. Zur Erledigung der oben erwähnten Aufgaben sind Zweigvereine in den einzelnen Verwaltungsbezirken errichtet worden. Es gibt diese jetzt in allen Verwaltungsbezirken Japans. Die folgende Übersicht zeigt die Zahl der Mitglieder und die Zahl der Zweigvereine des Zentralverbandes.

Zahl der Mitglieder und Zweigvereine des Zentralverbandes der gewerblichen Gesellschaften:

Am Ende des Jahres	Ordentliche Mitglieder	Unterstützende Mitglieder	Insgesamt	Zweigvereine
1912	5 070	2 534	7 604	41
1919	9 099	2 281	11 380	46

Von der Gründung bis zur Gegenwart führte Viscount Hirata den Vorsitz des Zentralverbandes. Er widmete sich selbst seinen Aufgaben, und die gewerblichen Gesellschaften Japans verdanken ihre Entwicklung seinen und des Zentralverbandes Bemühungen. Aber es muß daran erinnert werden, daß Viscount Hirata gleichzeitig das Rückgrat der konservativen Bureaukraten ist. Die Gründe, aus denen heraus er die Errichtung von gewerblichen Gesellschaften veranlaßte, ergeben sich aus den Ausführungen im Kapitel I. Die Förderung der gewerblichen Gesellschaften gilt nicht gleichzeitig den Konsumgenossenschaften. Es muß daraus gefolgert werden, daß eine günstige Ent-

wicklung der Konsumgenossenschaften nicht erwartet werden kann, solange alle gewerblichen Gesellschaften unter der Kontrolle des Zentralverbandes stehen.

III. Gegenwärtiger Stand der Konsumgenossenschaften.

Das folgende ist das Resultat einer Enquete, die das Ohara
Institute of Social Research veranstaltete.

a) Die Erhebungsmethode.

Als Gegenstand der Erhebungen haben wir bezeichnet „Einkaufsgesellschaften, die eingetragen sind, gemäß dem Gesetz über die
industriellen Gesellschaften, und die ausschließlich mit Gegenständen
des täglichen Bedarfs handeln".

Die Gründe, aus welchen wir unsere Erhebungen auf Einkaufsgesellschaften beschränkten, die gemäß dem Gesetz über die gewerblichen Gesellschaften eingetragen sind, sind die folgenden:
1. Es besteht keine Möglichkeit, nicht eingetragene Gesellschaften zu befragen;
2. es kann angenommen werden, daß nicht eingetragene Gesellschaften, welche wert wären, erwähnt zu werden, nicht existieren.

Der Grund, aus welchem wir unsere Erhebungen auf Einkaufsgesellschaften beschränkten, die ausschließlich mit Gegenständen des
täglichen Bedarfs handeln, ist der, daß wir unechte Konsumgenossenschaften, welche den Charakter von Rohmaterialgesellschaften haben,
nicht berücksichtigen wollten, und der Grund, aus welchem wir den
Begriff der Konsumgenossenschaft in unserer Erhebung nicht genau de-
finierten, ist der, daß Konsumgenossenschaften im strengen Sinne in
Japan nicht existieren.

Wir begannen unsere Erhebungen mit der brieflichen Befragung
der Regierungen der Verwaltungsbezirke nach Namen und Sitz von
solchen Gesellschaften, die den oben erwähnten Charakter zeigen.
Außerdem ersuchten wir das Departement für Landwirtschaft und
Handel um Nennung von Einkaufsgesellschaften, welche als Konsumgenossenschaften zu gelten haben. Zweitens sandten wir dann den auf
diese Weise ermittelten Gesellschaften Fragebogen zur Ausfüllung und
baten um Einsendung der Satzungen, des Geschäftsberichts und anderer
Veröffentlichungen.

Als Resultat ergab sich, daß 177 Gesellschaften, die auf 32 Verwaltungsbezirke verteilt waren, als Einkaufsgesellschaften mit dem Charakter von Konsumgenossenschaften ermittelt wurden.

Wir versuchten, Näheres über diese 177 Gesellschaften zu erfahren und entsprechendes Material zu sammeln. Als wir aber die erlangten Auskünfte durchsahen, mußten wir feststellen, daß nur von 46 Gesellschaften die Angaben befriedigend waren.

b) Das Ergebnis der Erhebungen.
1. Die territoriale Verteilung der Konsumgenossenschaften.

Aus dem vorliegenden Material konnten wir noch kein Bild der territorialen Verteilung der Konsumgenossenschaften gewinnen. Es fehlten nicht nur von einer Reihe von Bezirksregierungen die Angaben, häufig ließ auch die Genauigkeit der Antworten zu wünschen übrig. Um einen Fall anzuführen, so fanden wir, daß einige Rohmaterialgesellschaften von den Bezirksregierungen als Konsumgenossenschaften genannt, und daß einige wichtige Konsumgenossenschaften nicht in die Berichte dieser Regierungen aufgenommen worden waren, wie wir aus dem Bericht des Departements für Landwirtschaft und Handel ersahen. Aber wir können mutmaßen, daß dem Eifer der zuständigen Autoritäten in den einzelnen Bezirksregierungen die örtliche Einteilung wichtiger erscheint als die wirtschaftlichen und sozialen Bedingungen des Bezirks. Zum Beispiel können wir trotz seiner gewerblichen Blüte keine einzige Konsumgenossenschaft in dem Bezirk Hyogo ermitteln; dagegen gibt es im Bezirk Nara, trotzdem die gewerbliche Entwicklung hier weit weniger günstig als im erstgenannten Bezirk ist, 14 Konsumgenossenschaften. Aus dieser Tatsache können wir entnehmen, daß die Konsumgenossenschaftsbewegung in Japan von bureaukratischer Färbung ist.

Was nun die Scheidung der Konsumgenossenschaften in solche in der Stadt und solche auf dem Lande betrifft, so können wir aus dem Ergebnis unserer Erhebung nur Mutmaßungen anstellen. Von den 177 Genossenschaften, welche uns durch Bezirksregierungen und das Departement für Ackerbau und Handel genannt worden waren, existieren 73 in Städten, 60 in Flecken, 44 in Dörfern, und von den 46 Genossenschaften, von denen wir befriedigende Antworten erhielten, bestehen 28 in Städten, 15 in Flecken und 4 in Dörfern. Wir können daraus schließen, daß sich Konsumgenossenschaften zur Hauptsache in Städten und Flecken entwickelt haben.

2. Arten der Genossenschaften.

Unter den 46 ermittelten Genossenschaften können wir fünf Typen herausstellen:

1. Konsumgenossenschaften in Städten, jedermann zugänglich, ohne Berücksichtigung von Stand und Beruf. Aber tatsächlich setzen sie sich zur Hauptsache aus Beamten und anderen Gehaltsempfängern zusammen.
2. Konsumgenossenschaften von Beamten:
   a) Genossenschaften, welche ihre Mitglieder streng auf Beamte von einzelnen Regierungsverwaltungen beschränken;
   b) Genossenschaften, welche ihre Mitglieder nur auf Beamte überhaupt beschränken;
   c) Genossenschaften, deren Mitglieder im allgemeinen Beamte sind.
3. Konsumgenossenschaften, von Vereinen ins Leben gerufen, organisiert und begünstigt.
4. Konsumgenossenschaften der handarbeitenden Klasse.
5. Konsumgenossenschaften, welche Verbände auf ideeller Grundlage darstellen, zum Beispiel von Buddhisten oder Soldaten der Reserve gebildet.

Von den 46 Genossenschaften gehören nun diesen einzelnen Typen an:

dem ersten Typ: 23 Genossenschaften. Als wichtigste seien genannt: die Kyoei-Genossenschaft in Tokio, die Kyodo-Genossenschaft in Tokio;

dem zweiten Typ: 14 Genossenschaften. Genannt sei: die Einkaufsgenossenschaft des „Bureau of Postal Exchange and Savings" in Tokio;

dem dritten Typ: 1 Genossenschaft, die Tsukishima-Einkaufsgesellschaft in Tokio;

dem vierten Typ: 5 Genossenschaften, die Einkaufsgenossenschaft der Nikko-Kupferraffinerie im Bezirk Tochigi;

dem fünften Typ: 3 Genossenschaften.

Der größere Teil der Konsumgenossenschaften besteht aus Angehörigen des Mittelstandes, insbesondere aus Beamten und anderen Gehaltsempfängern. Fast alle Genossenschaften, deren Mitglieder Arbeiter sind, sind patriarchalische Einrichtungen der Arbeitgeber.

Konsumgenossenschaften als eine Bewegung der arbeitenden Klasse befinden sich noch in einem durchaus unreifen Zustande.

3. Ursachen des Zusammenschlusses.

Von allen Ursachen, die zur Bildung von Konsumgenossenschaften geführt haben, ist besonders hervorstechend die starke Preissteigerung. An sonstigen Gründen werden genannt: die Aufforderung zum Zusammenschluß durch irgendwelche Autoritäten oder andere ernst zu nehmende Personen, der Wucher der Kleinhändler und die nicht entsprechende Qualität der Waren.

4. Mitglieder.

Die Zahl der Mitglieder der 46 Genossenschaften beläuft sich auf 39 954 Personen, die durchschnittliche Mitgliederzahl einer Genossenschaft beträgt 868.

Es seien die vier Genossenschaften genannt, deren Mitgliederzahl am zahlreichsten ist:

1. Die Einkaufsgenossenschaft des „Bureau of Postal Exchange and Savings" in Tokio mit . . . 5000 Personen,
2. die Kakushu-Genossenschaft in Tokio mit . . . . 3394 „
3. die Kyodo-Genossenschaft in Tokio mit . . . . . 3007 „
4. die Kyoei-Genossenschaft in Tokio mit . . . . . 2971 „

Diese 39 954 Mitglieder verteilen sich auf die einzelnen Berufe:

Ackerbau	913 Personen
Gewinnung von Meereserzeugnissen .	52 „
Handel	3 374 „
Industrie	3 166 „
Verschiedene Berufe	32 449 „

Nach dieser Übersicht gehören der Gruppe verschiedener Berufe 81,2 % aller Mitglieder an, wodurch diese Genossenschaften sich von den einfachen Einkaufsgenossenschaften unterscheiden. Die Mehrzahl der in dieser Gruppe gezählten Personen sind Beamte und andere Gehaltsempfänger. Aus dieser Tatsache können wir den Charakter der Konsumgenossenschaften in Japan entnehmen.

5. Kapital.

Das Geschäftskapital der aufgezählten Genossenschaften sei nach seinen drei Bestandteilen, dem eingezahlten Kapital, dem Reservefonds und der genommenen Darlehen im folgenden genannt:

Das Kapital der ermittelten 46 Konsumgenossenschaften in Yen:

	Gesamtbetrag	Prozentsatz jeden Bestandteils	Durchschnittlicher Betrag einer Gesellschaft	Auf das einzelne Mitglied entfallender Durchschnittsbetrag
Eingezahltes Kapital	426 671	40,18	9 275	11
Reservefonds	85 016	8,01	1 848	2
Darlehen	550 148	51,81	11 960	14
Summe	1 061 835	100	23 083	27

Nach dieser Übersicht beläuft sich der Anteil des einzelnen Mitgliedes am Kapital auf 27 Yen, wovon 48,19 % als Kapital eingezahlt und 51,81 % als Darlehen aufgenommen wurden. Um nun diese Summe mit dem Wert der im Jahre verkauften Waren zu vergleichen, so beläuft sich das Kapital auf ein Fünftel des Umsatzes, mit anderen Worten: es ist zweieindrittelmal so groß wie der Wert der in einem Monat verkauften Waren. Das Geschäftskapital der einzelnen Genossenschaft ist natürlich örtlich verschieden; ebenso ist der durchschnittliche Anteil eines Mitgliedes am Geschäftskapital, das Verhältnis vom Kapital und Umsatz je nach den Verhältnissen der einzelnen Genossenschaften verschieden.

6. Geschäft.

Der Umsatz aller ermittelten Genossenschaften betrug im Jahre 1919 5 313 318 Yen, der durchschnittliche Umsatz einer Genossenschaft 115 517 Yen und der eines Mitgliedes 132 Yen. Die größten Umsätze erzielten die folgenden vier Genossenschaften:

die Kyodo-Genossenschaft in Tokio . . . . 875 746 Yen
 „ Kyoei-Genossenschaft in Tokio . . . . 793 746 „
 „ Kakushu-Genossenschaft in Tokio . . . . . . 664 675 „
 „ Einkaufsgenossenschaft der Nikko-Kupferraffinerie
  im Bezirk Tochigi . . . . 385 278 „

Fast alle Waren wurden von den Genossenschaften direkt geliefert; die durch Agenten verkaufte Ware ist nicht von erheblichem Umfang. Die Preise der Waren werden etwas unter den Marktpreisen festgesetzt, die man als Richtpreise benutzt.

Eigene Produktionseinrichtungen befinden sich noch in den ersten Anfängen; die vorhandenen beschränken sich auf das Reinigen von Reis.

7. Gewinn und Verlust.

Was nun die geschäftlichen Erfolge der Genossenschaften betrifft, so erzielten 34 einen Gewinn im Gesamtbetrage von 62967 Yen und 11 einen Verlust von 26263 Yen. Der Verlust wurde auf das nächste Jahr saldiert und der Gewinn wie folgt verteilt:

Satzungsmäßige Reserve	Yen 17 038
Andere Reserve	„ 13 352
Verteilung auf Kapital	„ 15 228
Verteilung auf den Einkauf	„ 7 966
Anderweitige Verteilungen	„ 9 383
Summe	Yen 62 967

Zum Schluß wollen wir noch eine allgemeine Übersicht über die ermittelten Konsumgenossenschaften geben:

Zahl der ermittelten Genossenschaften	46
Zahl der Mitglieder	39 954
Zahl der Mitglieder in den einzelnen Berufen	
Ackerbau	913
Forstwirtschaft	—
Gewinnung von Meeresprodukten	52
Handel	3 374
Industrie	3 166
Verschiedene Berufe	32 449
Kapital	
Anteile am Kapital	63 697
Gesamtbetrag des Kapitals	Yen 893 635
Eingezahltes Kapital	„ 426 671
Reservefonds	
Satzungsmäßige Reserve	„ 52 597
Andere Reserve	„ 32 419
Genommene Darlehen	„ 550 148
Gesamtbetrag des Geschäftskapitals	„ 1 046 918
Wert der eingekauften Waren	„ 5 113 648
Wert der verkauften Waren	„ 5 313 318
Gewinn (von 34 Genossenschaften)	„ 62 962
Verlust (von 11 Genossenschaften)	„ 26 263

Schluß.

Wie aus den vorstehenden Ausführungen hervorgeht, befindet sich die Entwicklung der Konsumgenossenschaften in Japan noch in einem sehr unausgereiften Zustande. In diesem Abschnitt wollen wir nun die Ursachen dieser unbefriedigenden Entwicklung prüfen und die künftige Entwicklung betrachten.

Die Konsumgenossenschaftsbewegung ist ein Produkt des kapitalistischen Entwicklungsprozesses, ebenso wie alle anderen sozialen Bewegungen. Sie entstand jedoch später als die allgemeine Genossenschaftsbewegung und die Gewerkschaftsbewegung der ersten Periode. Die konsumgenossenschaftliche Bewegung ist nicht eine Bewegung mittelalterlicher Produzenten, deren Position durch das Kommen des Kapitalismus bedroht ist, sondern die Entwicklung des Proletariats, veranlaßt durch den Entwicklungsprozeß des Kapitalismus. Überdies ist sie nicht allein ein Parteikampf, entsprungen aus dem Selbstbewußtsein, sie ist vielmehr das tatkräftige Bemühen, innerhalb der bestehenden Wirtschaftsordnung die Verteilung der Waren selbst in die Hand zu nehmen.

In Japan hat sich erst vor kurzem eine kapitalistische Industrie gebildet, und das Gesetz über die gewerblichen Gesellschaften trat erst im Jahre 1900 in Kraft. Aber das Gesetz wurde zur Hauptsache geschaffen, um die Interessen der Bauern zu schützen, und es wurde von oben herab erlassen und nicht durch eigene Bemühungen erkämpft. Die Gewerkschaftsbewegung erreichte erst nach Kriegsausbruch einige Bedeutung, aber sie ist entwickelt worden unter dem Einfluß abendländischer Theorien. Die Gewerkschaftserziehung jedenfalls steckt noch in den ersten Anfängen. In Anbetracht dieser Tatsachen nimmt es nicht wunder, daß eine Konsumgenossenschaftsbewegung im eigentlichen Sinne bisher in Japan nicht entstanden ist.

Wie werden sich nun die Konsumgenossenschaften in Japan künftig entwickeln? Das Entstehen einiger Bewegungen, um das individuelle Profitmachen zu verhindern, mag das unvermeidliche Ergebnis der Entwicklung des Kapitalismus sein. Ob diese jedoch die Form der Konsumgenossenschaftsbewegung annehmen wird, hängt von dem nationalen Charakter und den nationalen Gewohnheiten ab. Man kann nicht sagen, daß Charakter und Gewohnheiten der Japaner gegenwärtig schon der Entwicklung dieser Bewegung günstig sind. Wir wollen einige der hervorstechendsten Punkte näher betrachten.

In erster Linie fehlt den Japanern, wenn wir sie mit anderen Völkern vergleichen, der Geist der Selbsthilfe und der Selbstbestimmung. Es ist dies darauf zurückzuführen, daß seit der Befreiung vom feudalen Despotismus noch nicht lange Zeit verflossen ist und die Herausbildung eines solchen Geistes nicht in kurzer Zeit erwartet werden kann. Wenn sich das Bedürfnis nach gemeinwirtschaftlicher Verteilung geltend machen würde, würde es in Form der Sozialpolitik des Staates oder der öffentlichen Körperschaften geschehen und nicht in der Form der konsumgenossenschaftlichen Bewegung, die durch Selbsthilfe entsteht. Die meisten Mitglieder sind nämlich vollkommen gleichgültig gegen die Bewegung, und die Zahl derjenigen, die wirklich am Vereinsleben teilnehmen, ist sehr gering. Der geschäftliche Erfolg der Genossenschaften hängt daher im wesentlichen vom Eifer und Ernst der leitenden Persönlichkeiten ab. Um ein hierher passendes Beispiel herauszugreifen: als die letzten Preissteigerungen unter einem Teil der Bevölkerung große Beunruhigung hervorriefen, rief man nach öffentlichen Märkten und öffentlichen Speisehallen. Andererseits sind die Anstrengungen, um Konsumgenossenschaften ins Leben zu rufen, ziemlich gering gewesen.

Der nächst wichtigste Grund, ein Hindernis für die Entwicklung der Konsumgenossenschaftsbewegung, ist die schlechte Gewohnheit des Kaufes auf Kredit. Diese Gewohnheit hat sich im täglichen Leben des Japaners außerordentlich festgewurzelt. Der größte Teil der Konsumgenossenschaften ist daher gezwungen, ebenfalls auf Kredit zu verkaufen. Der Erfolg einiger Genossenschaften, die den Barverkauf durchführen wollten, ist sehr gering. Die Ausrottung dieser schlechten Gewohnheit ist sehr schwierig, besonders in der handarbeitenden Klasse. Ist sie bei dieser doch nicht nur eine Bequemlichkeit des täglichen Einkaufs, sondern vielmehr auf tatsächlichen Mangel an Bargeld zurückzuführen. Daher betrachten alle diejenigen, die über Erfahrung in der Geschäftsabwicklung der japanischen Konsumgenossenschaften verfügen, deren Zukunft sehr pessimistisch. In bezug auf die nahe Zukunft sind wir derselben Meinung; aber wir sind gewiß, daß sich bei steigenden Löhnen und bei Verbesserung der Löhnungsmethoden allmählich ein Korpsgeist herausbilden wird. Die Beiseiteschaffung der entgegenstehenden Hindernisse wird, wenngleich schwierig, doch nicht unmöglich sein.

Die letzte große Schwierigkeit für die Zukunft der Konsumgenossenschaften besteht in der Gewohnheit, daß der Japaner seine Käufe in seinem eigenen Hause macht. Diese Gewohnheit macht sich besonders in den großen Städten und bei Beginn einer Genossenschaftsbewegung nachteilig geltend, weil hier durch die große Verstreutheit der Mitglieder die Kosten des Warenherumführens besonders groß sind. Die Überwindung dieses Hindernisses wird ebenfalls schwierig sein, wenngleich leichter als die Überwindung des vorerwähnten Kreditsystems.

Es gibt zwei Möglichkeiten, um dieser Schwierigkeit entgegenzutreten. Nämlich erstens durch Anerziehung des Shopping-Gehens und zweitens durch gesetzliche oder tatsächliche Verschmelzung der zahlreichen in einer Stadt bestehenden Genossenschaften. Wenn es gelingt, die japanische Frau zu veranlassen, ihre alte Gewohnheit, in ihrem Hause einzukaufen, aufzugeben, wird eine der Hauptursachen dieses Liefersystems beseitigt sein.

Die Verschmelzung der zahlreich existierenden Genossenschaften wird aus diesem Grunde ratsam sein. So gibt es zum Beispiel in Tokio etwa 20 eingetragene Einkaufsgesellschaften, welche den Charakter von Konsumgenossenschaften haben. Diese Gesellschaften liefern Waren an alle ihre Mitglieder, die in den verschiedensten Teilen der Stadt und in den verschiedenen Vorstädten wohnen. Wenn diese Gesellschaften in Bezug auf die Belieferung ihrer Mitglieder zusammenarbeiteten, würden die Ausgaben wesentlich herabgemindert werden. Wir glauben, daß dies in gewissem Umfang nicht unmöglich sein wird. Es gibt gegenwärtig schon genug Fälle von gesetzlicher oder tatsächlicher Verschmelzung.

Die Konsumvereine in Deutschösterreich.

Von

Siegmund Kaff.

I.

Parallel mit der Entstehung der Genossenschaftsbewegung in Deutschland ging auch die der Wirtschaftsassoziationen im alten Österreich vor sich, und wie dort standen die ersten bewußten Regungen im Zeichen von Schulze-Delitzsch. Zwar sah bereits der Vormärz (in Wien, Prag, Reichenberg) einzelne schüchterne Versuche — Vereine zur Verbilligung der Lebensmittel, Vereinigungen für den gemeinsamen Warenabsatz und zur Kapitalbeschaffung —; allein von einer größeren Bewegung kann erst zu Ende der sechziger Jahre des vorigen Jahrhunderts gesprochen werden, als nach dem für Österreich unglücklichen Ausgange des Krieges mit Preußen Bürgertum und Arbeiterschaft sich kräftig zu regen begannen und ihre politischen Ansprüche geltend machten. Dabei erscheint es als eine bezeichnende Tatsache, daß Bürgertum und Arbeiterschaft, indem sie zunächst ihren Anteil an der Politik durchzusetzen bestrebt waren, sofort ihren wirtschaftlichen Gegensatz offenbarten. Mit Feuereifer verfocht ersteres die liberale Doktrin, während die letztere gerade mit Hilfe des politischen Einflusses im Staate, den sie für sich reklamierte, auch ökonomische Fragen zu lösen hoffte. Zunächst aber siegte weder Schulze-Delitzsch noch sein Gegenpart Lassalle; ihr Erfolg beschränkte sich auf die Klassen, welchen ihre Ideologie Rechnung trug: der Apostel der Selbsthilfe gewann das Bürgertum, der Verfechter der Staatshilfe die Arbeiterschaft. Immerhin hatte auch bei ihr der Gedanke der wirtschaftlichen Selbsthilfe Wurzel gefaßt, und ohne daß das weithin wirkende Beispiel der Redlichen Pioniere von Rochdale in Österreich allgemein bekannt geworden wäre, bildeten sich die ersten Konsumvereine. Größere Bedeutung erlangte jedoch nur ein 1862 gegründeter Verein (der jetzige Erste Wiener Konsumverein), der an der Doktrin Schulze-Delitzschs fest- und den Gedanken der Assoziation wachhielt auch in Kreisen, die sonst mehr der politischen Lehre der Staatshilfe zuneigten[1]. Zu Anfang der 70er Jahre

---

[1] Im Jahre 1867 begab sich eine von Wiener bürgerlichen Wirtschaftspolitikern entsendete Studienkommission nach England, die den Redlichen Pionieren von Rochdale einen Besuch abstattete und darüber einen Bericht veröffentlichte. Innerhalb der Arbeiterschaft hatten die Bestrebungen dieser Genossenschafter keinen Erfolg.

standen die Dinge so, daß das in Österreich mittlerweile ans Ruder
gelangte deutsche Bürgertum — der deutsch=französische Krieg hatte
Deutschland in den Sattel geholfen und hierdurch auch dem industriellen
Kapitalismus — sich veranlaßt sah, ein Genossenschaftsgesetz zu er=
lassen (1873), wobei ausgesprochenermaßen die Hoffnung mitwirkte, die
mächtig brandende Arbeiterbewegung in ein eingedämmtes Bett ab=
zuleiten. Wenngleich diese Hoffnung nicht in Erfüllung ging, so zeigte
sich doch, daß die wirtschaftliche Assoziation auch in der Arbeiterschaft
schon verankert war. Auffallenderweise ging jedoch im ersten Jahr=
zehnt der Wirksamkeit des Genossenschaftsgesetzes die Zahl der Konsum=
vereine zurück und sank 1883 auf 222. Es war das Jahrzehnt der
wirtschaftlichen Depression, die nach dem Unheilsjahre des Krachs (1873)
eingetreten war und die Arbeiterschaft und die Bewegung selbst in eine
Krise drängte. Dazu kamen noch andere Momente: die Unreife der
jungen Assoziationen und ihre ungenossenschaftlichen Verwaltungs=
grundsätze, ihr zu geringes Eigenkapital, die Borgwirtschaft, mangeln=
des Verständnis für die Erfordernisse der Mitverwaltung, schlechte und
unzulängliche Kontrolle der Gebahrung und anderes. Die wirtschaft=
liche Depression ließ diese Fehler und Mängel nur verschärft hervor=
treten.

Kaum weniger ungünstig wirkte der gerade in dieser Zeit an=
spruchsvoll sich gebärdende Fiskalismus auf die Entwicklung der Ge=
nossenschaften ein. Die Konsumvereine wurden entgegen dem Geiste,
den das 1873er Gesetz zum Ausdruck brachte, mit enormen Steuer=
lasten belegt und zu empfindlichen Nachzahlungen für zurückliegende
Jahre verhalten, weil man sie durchweg als Erwerbsunternehmungen
betrachtete. Auch andere Hemmungen der staatlichen Verwaltung aus
gewerberechtlich=reaktionären Gründen verlangsamten den Aufstieg.
Der Hauptgrund aber war, daß die Masse der Arbeiterschaft, soweit
sie überhaupt für ihre Klasseninteressen Verständnis hatte und ihre
eigene Wohlfahrt zu fördern bestrebt war, lieber an den öffentlichen
Angelegenheiten Anteil nahm, weil die allgemeinen Zeitverhältnisse und
vielleicht auch der nationale Charakter dazu drängte, der mehr für die
lebhaft betriebenen Aktionen der Politik als für den langsamen, Ge=
duld heischenden Aufbau der genossenschaftlichen Organisation ein=
genommen war. Als dann der wegen der anarchistischen Attentate ver=
zweifelter Arbeiter verhängte Ausnahmezustand (1884) jede politische
Tätigkeit unterband und sogar die Konsumvereine mit dem Verdacht

belastete, daß sie den sozialdemokratischen Bestrebungen Vorschub leisten, da war die Stagnation auch in der Folge nur zu erklärlich.

Trotzdem hielt die Entwicklung des Genossenschaftswesens nicht ganz still. Gerade in den Jahren von 1880 bis Ende der 90er Jahre des vorigen Jahrhunderts zeigte sich ein Erstarken der kleinbürgerlichen und landwirtschaftlichen Genossenschaften, gefördert durch öffentliche Mittel, was auf die Arbeiterschaft nicht ohne Einfluß blieb. Einige Konsumvereine der Arbeiter in den industriellen Randgebieten von Böhmen, Mähren und Schlesien und auch in Wien selbst konnten bereits auf ansehnliche Erfolge hinweisen. Ein größeres Interesse der Arbeiterschaft stellte sich jedoch erst später ein. Die im Jahre 1889 bis 1890 vollzogene Einigung der sozialistischen Partei mobilisierte die Massen der Arbeiterschaft ausschließlich für den politischen Klassenkampf. Alsbald begann der Ausbau der gewerkschaftlichen Fachverbände und auch sonst eine rege Vereinstätigkeit. Um die wenigen und meist kleinen Konsumvereine kümmerte man sich nicht. Fragen des Arbeiterschutzes und der Sozialreform, Lohnbewegungen, der Kampf ums Wahlrecht, Politik überhaupt absorbierten das ganze Interesse der zum Klassenbewußtsein erwachten Arbeiterschaft und schlossen eine intensive Beteiligung an wirtschaftspolitischen Fragen aus. Das änderte sich Ende der 90er Jahre mit der durch politische Mißerfolge geweckten Erkenntnis von der arbeiterfeindlichen Rolle des kleinen Händlertums. Gegen die reaktionäre Haltung dieser in jeder Hinsicht rückständigen Kreise richtete sich in wachsendem Umfange eine Strömung, die darauf ausging, den politischen Einfluß des Kleinbürgertums zu brechen. Als eines der Mittel im Kampfe wurden die Konsumvereine angesehen. Insbesondere der politische Mißerfolg nach der großen Wahlrechtskampagne 1895—1897 und die darauf folgende Wahlniederlage mit dem Kurienwahlrecht trieb die Arbeiter des Wiener Industriegebietes den wirtschaftlichen Organisationen zu, so daß man in den Jahren 1896—1900 von einer Gründungsperiode sprechen kann. An den früheren politischen Kämpfen beteiligte Arbeiter schritten zur Eroberung und Errichtung von Konsumvereinen, um den Klassengegnern, den Kaufleuten und Greißlern Konkurrenz zu bereiten, ihnen ihre Arbeiterkundschaft mit wirtschaftlichen Mitteln aus politischen Gründen zu entziehen.

Nicht wenige der von früher her bestehenden Konsumvereine vegetierten, von keinem höheren genossenschaftlichen Gesichtspunkte ge=

leitet, in den Arbeiterbezirken Wiens fort. Ihre Schwäche lud förmlich dazu ein, sie ganz ins parteipolitische Fahrwasser zu bugsieren, und veranlaßte schließlich die sozialdemokratische Partei, sich mit der Frage der weiteren Gestaltung der zum Teil vor dem Zusammenbruch stehenden Genossenschaften zu befassen. Das Ergebnis der Beratungen war die Gründung einer neuen Genossenschaft in Wien unter parteipolitischer Flagge und Führung, der gleich zu Beginn einige kleinere, aber schlecht fundierte Konsumvereine angegliedert und mit allen Aktiven und Passiven einverleibt wurden. Die neue Genossenschaft hatte schon vom ersten Jahre der Gründung mit einem Passivsaldo von über 200 000 Kr. zu kämpfen. Um sich in der Konkurrenz mit den anderen Arbeiterkonsumvereinen und Kaufleuten zu behaupten, wurde mit einer lebhaften Agitation eingesetzt und das Netz der Verkaufsstellen durch Eröffnung neuer Filialen ungeachtet entgegenstehender Bedenken erweitert.

Der Eingriff war insofern begründet, als die Geschäftsführung in den meisten Konsumvereinen infolge ihrer Primitivität, um nicht zu sagen: Stümperhaftigkeit, eine wirkliche Leistungsfähigkeit nicht aufkommen ließ. Es waren bis auf vereinzelte Ausnahmen durch die Bank schwächliche Gebilde, die auf die Masse der Konsumenten keine Anziehungskraft auszuüben vermochten. Weder war die qualitative Auswahl der Waren noch deren Zahl reichhaltig genug, um zum Beitritt zu reizen. Da es somit an der inneren Werbekraft fehlte, fruchtete auch die übrigens nur wenig betriebene Werbearbeit nicht viel. Weder in der Großstadt Wien noch in den kleinen Orten des Landes konnte angesichts der übermächtigen Konkurrenz der vom Großhandel gestützten Kaufleute eine großzügige Genossenschaftsbewegung erstehen. Speziell in Wien herrschte eine arge Zersplitterung derart, daß fast in jedem Bezirke der Stadt ein eigener Konsumverein bestand, wobei viele Stadtteile nicht selten auch mit den Filialen verschiedener Konsumvereine durchsetzt waren. So kam es, daß so mancher dieser Konsumvereine in Schwierigkeiten geriet. Mannigfache Umstände wirkten dabei mit: ungenügende finanzielle Fundierung, schlechte Leitung, Borgwirtschaft und der leichtsinnige Glaube, daß mit politischen Schlagworten eine wirtschaftliche Organisation erfolgreich verwaltet und leistungsfähig gemacht werden könne. Die übrigen Konsumvereine aber beschränkten sich trotz ihrer günstigen Vermögensverhältnisse auf den gewonnenen Wirkungskreis und nahmen von einer weiter ausgreifenden, zweckbewußten Ausgestaltung Abstand. Auch ihnen fehlte es an der notwendigen geistigen Führung, an einer gemeinsamen Warenbezugsstelle und an Eigenproduktion[1].

Das war der Zustand, in dem sich die Konsumvereine zu Ende des vorigen Jahrhunderts befanden und den sich die Sozialdemokratie mit Geschick zunutze machte. Seit dem Jahre 1896 hatte sie sich mit der Sache beschäftigt, zunächst ein aktives Eingreifen ablehnend, bis die schon erwähnte Wahlniederlage der Partei im Jahre 1897, die in Wien hauptsächlich durch die kleinbürgerlichen Stimmen herbeigeführt worden war und die ein starkes Zuströmen der Arbeiter in die Konsumvereine bewirkte, die Partei beziehungsweise ihre Führer bewog, zu der Frage offiziell Stellung zu nehmen. Dies geschah nach anfänglichem Schwanken zuerst auf dem Parteitage der deutschen Sozialdemokratie im Jahre 1903, der ebenso wie der Gewerkschaftskongreß ein Bekenntnis zu den Konsumvereinen ablegte, nachdem schon der im Jahre 1901 abgehaltene Kongreß der Gesamtpartei gelegentlich der Revision des Parteiprogrammes „die Befreiung der Wirtschaftsgenossenschaften der Arbeiter von allen ihre Tätigkeit hemmenden Lasten und Schranken" als eine Forderung proklamiert hatte.

Inzwischen hatte sich die Trennung einer größeren Anzahl von Arbeiterkonsumvereinen vom „Allgemeinen Verband der deutschen Erwerbs- und Wirtschaftsgenossenschaften" vollzogen, und nach einem in den 90er Jahren unternommenen, jedoch verunglückten Versuche kam es im Jahre 1901 zur Errichtung des „Verbandes der Arbeitererwerbs- und Wirtschaftsgenossenschaften Österreichs", der sich 1903 in den „Zentralverband österreichischer Konsumvereine" umwandelte. Hierdurch war ein organisatorischer Mittelpunkt gegeben, der propagandistisch und wirtschaftspolitisch ausgriff. Als dann im Jahre 1905 in der Großeinkaufsgesellschaft auch eine Zentrale für die gemeinsame Warenbeschaffung aktiviert war, machte die Bewegung entschiedene Fortschritte, die sich in einer stetigen Zunahme der Mitgliederzahlen, der Geschäftsanteile und Umsätze offenbarten. Die weitere Entwicklung der Bewegung wurde stark durch die von Anbeginn kranke, auf

---

[1] Der unter dem Protektorate Schulze-Delitzsch 1873 gegründete „Allgemeine Verband" widmete sich vornehmlich den bürgerlichen Kredit- und Vorschußgenossenschaften und vernachlässigte die Konsumvereine, die — von dem schon erwähnten „Ersten Wiener Konsumverein" abgesehen, dessen Mitgliederschaft sich in der Hauptsache aus Beamten und Angestellten der öffentlichen Ämter und Verwaltungsstellen zusammensetzte — zumeist den Konsumbedürfnissen der Arbeiterbevölkerung dienten.

Geheiß der Partei gegründete Konsumgenossenschaft in Wien beeinträchtigt. Zwischen den daselbst bestehenden Arbeiterkonsumvereinen entbrannte ein nicht immer lauterer Wettbewerb durch Filialeröffnungen in Rayons, wo bereits Verkaufsstellen anderer Konsumvereine bestanden, durch Anpreisung besonders billiger Waren gegenüber den letzteren, durch Ausschüttung von Rückvergütungen auf Kosten der Eigenkapitalsbildung und teilweise sogar auf Kosten der Spareinlagen der Mitglieder. Diese nichts weniger als genossenschaftliche Art des Wettbewerbs wurde noch verschärft, als gleichfalls unter parteipolitischer Flage zur Errichtung einer eigenen großen Bäckerei, der „Hamerbrotwerke", geschritten und der bestehenden Bäckerei des größten Arbeiterkonsumvereins in Wien empfindliche Konkurrenz bereitet wurde. Daraus ergaben sich Unstimmigkeiten, die schließlich auf die Zentralstellen der Organisation sich ausbreiteten und auch die übrigen Glieder in Mitleidenschaft zu ziehen drohten. Die Ursache des krankhaften Zustandes lag in der ganz ungenossenschaftlichen und unkaufmännischen Gebarung jener vorwiegend mit fremdem Kapital betriebenen Parteiunternehmungen, ein Übelstand, der wesentlich auf eine verhängnisvolle Verquickung mit parteipolitischen Bedürfnissen und Tendenzen zurückzuführen war. Es zeigte sich eben, daß die erprobten Geschäftsprinzipien der „Redlichen Pioniere" nicht ungestraft in den Wind geschlagen werden können, daß wirtschaftliche Selbsthilfe und Leihkapital ohne die Anspannung der eigenen Kraft sich gegenseitig ausschließen, daß Solidität und Gewissenhaftigkeit ebenso selbstverständliche als unentbehrliche Voraussetzungen einer gedeihlichen Wirtschaftsführung proletarischer Wirtschaftskörper sind. Statt dessen wurde ohne die notwendige Sorgfalt und unter Beiseitesetzung aller Vor- und Rücksicht auf die zur Verfügung stehenden Betriebsmittel mit einer mehr kühnen als überlegten Unternehmungslust drauflos gewirtschaftet, in einer Art, die eher der verantwortungsloser Spekulanten als der reeller Kaufleute und Treuhänder glich. Die echt österreichische Selbsttäuschung: „es kann dir nichts geschehen," tröstete ungeachtet aller Enttäuschungen darüber, wenn wieder einmal ein Wagestück mißglückt war, und nannte die verzweifelten Anstrengungen, der wachsenden Verlegenheiten Herr zu werden, euphemistisch „enthusiastische Experimente". Man stützte sich nicht auf die wirklich in den Konsumvereinen organisierte Zahl von Verbrauchern und deren Barmittel, sondern verließ sich auf die Masse der Gewerkschafts- und Parteimitglieder und wollte nicht daran glauben, daß eine bloß politisch und gewerkschaftlich gerichtete Arbeiterschaft noch lange nicht eine genossenschaftliche Verbraucherorganisation darstellt. Zu dieser Selbsttäuschung gesellte sich noch eine zweite. So wie man in der Parteiorganisation, die man einer Zwangskörperschaft gleichsetzte, den gesicherten Absatz gegeben und die Bedarfsdeckung der politisch und gewerkschaftlich organisierten Arbeiter als ein Monopol der Konsumvereine ansah, so auch meinte man, die Partei als unbegrenzte Kreditbasis verwerten zu können. Die Folge war eine bedenkliche Überspannung der Kreditfähigkeit, die die äußerste Grenze überschritt, die ein gewissenhafter Kaufmann noch für zulässig zu halten pflegt.

Wenn es angesichts einer derartigen Gebarung, der gegenüber die Demokratie mit ihrem scheinbaren Zwang zur Verantwortung völlig versagte und die mit genossenschaftlicher Solidarität, aber auch mit gewöhnlicher kaufmännischer Genauigkeit nichts zu tun hatte, nicht zum Zusammenbruch kam, so nur deshalb, weil im letzten Augenblick die große Katastrophe des Weltkriegs Möglichkeiten der Sanierung schuf, die mit Energie ausgenutzt wurden. Es gelang, durch politische Einflußnahme und mit Unterstützung der Regierung Heereslieferungen für die Parteibäckerei und damit größere Kredite zu erhalten und die Konsumvereine in den Apparat zur Verteilung der staatlich bewirtschafteten Lebensmittel einzuschalten. Das bedeutete die Rettung. Die Belieferung der Arbeiterkonsumvereine war während der Kriegsdauer vielfach eine bevorzugte. Die Mitgliederstände schwollen an, weil durch das Rationierungssystem viele, die den Konsumvereinen fern geblieben waren, diesen nun beitraten, wo eine sichere Versorgung gewährleistet erschien. Das ganze System der Lebensmittelbewirtschaftung trug zur finanziellen Kräftigung der Konsumvereine bei, nicht zuletzt der Umstand, daß bei erhöhtem Umsatz die Spannung zwischen Groß- und Detailverkaufspreisen ausreichend bemessen und keinerlei Geschäftsrisiko zu tragen war. Überschüsse ergaben sich, alte Schulden konnten in kurzer Zeit zurückgezahlt werden; binnen wenigen Jahren war eine Sanierung eingetreten, die sonst ausgeschlossen sein mußte.

II.

In der Periode des Umsturzes war der Einfluß der Partei erst recht wirksam. Direkte Subventionen und staatliche Kredite in verschiedenen Formen, die Überlassung von Gütern aus der Sachdemobilisierung zu niederen Preisen und anderes trugen zur finanziellen Stärkung der Bewegung bei. Die im Kriege gegründeten Lebensmittelverbände, welche die Versorgung der an der Heeresausrüstung arbeitenden Industriearbeiter überhatten, erleichterten den Verkehr mit den Industriellen und den Kriegswirtschaftsgesellschaften und damit auch die Geldbeschaffung. All das änderte sich mit der nach dem Kriege eintretenden Geldentwertung und mit dem Fortfall der zwangsläufigen Bewirtschaftung durch den Staat. Zwar räumte dieser auch jetzt noch Kredite ein, indem er die Mithaftung bei Banken übernahm; aber von direkten Zuwendungen konnte bei der Finanzlage des Staates keine Rede mehr sein. Die vor dem Kriege schon unzureichend gewesenen Betriebsmittel der Konsumvereine mußten nun mit der größten Beschleunigung aufgefüllt werden. Begreiflicherweise war dies unter dem Drucke der rapid fortschreitenden Geldentwertung nicht so rasch durchführbar, und kaum daß eine Erhöhung der Geschäftsanteile realisiert war, schmolz das so gewonnene Betriebskapital mit den steigenden Kursen der Auslandsvaluten wieder dahin. Wie dieser Prozeß letzten Endes ausgehen wird, läßt sich derzeit in dem Stadium, da die Dinge noch im Fluß sind, nicht absehen. Alles hängt von der allgemeinen Gestaltung der wirtschaftspolitischen Verhältnisse in Europa und speziell Mitteleuropas sowie davon ab, ob es gelingt, die Passivwirtschaft des Staates in eine Aktivwirtschaft zu verwandeln und die Krone zu stabilisieren.

Insofern ist das Schicksal der österreichischen Konsumvereine mit der Volkswirtschaft im allgemeinen enger noch als anderwärts verknüpft. Aber auch im besonderen ist dies der Fall. Denn wie sonst nirgends hat hier eine Durchsetzung der Genossenschaftsbetriebe mit fremdem Kapital stattgefunden und umgekehrt; die Konsumvereine sind direkt durch ihre Großeinkaufsgesellschaft an einer Reihe von Unternehmungen beteiligt, die teils gemein=, teils gemischtwirtschaftlicher Art sind. Eine förmliche Verschachtelung hat stattgefunden, die einerseits zur Verbreiterung der Kreditbasis, andererseits aber auch dazu führt, daß der genossenschaftliche Charakter der Bewegung, die bloß der Versorgung des organisierten Konsums zu dienen und die erforderlichen Geldmittel selbst aufzubringen hätte, verwischt und immer mehr dem privatwirtschaftlichen, für den offenen Markt arbeitenden, nach Gewinn heischenden Unternehmungen angenähert wird.

Wesentlich hat dazu die Art beigetragen, wie das vom Kriege nach=

gelassene Rieseninventar an Materialien und Betriebsanlagen mit entschlossenem Griff benützt und fruktifiziert wurde. Zum Teil mit Hilfe von Staatsgeldern und Sachdemobilisierungsgütern kam so eine Reihe von gemischtwirtschaftlichen Unternehmungen zustande, welche die Großeinkaufsgesellschaft mit der Gesamtwirtschaft verknüpfen. Es handelt sich hierbei hauptsächlich um folgende Unternehmungen:

Die Vereinigten Leder= und Schuhfabriken G. w. A., die ihrerseits wieder an der Schuhfabrik „Humanic" und an der Lederfabrik Adler in Wels A.=G. beteiligt sind und eine dritte Lederfabrik, „Wiener Lederwerke G.W.A.", in Pacht genommen haben; die österreichische Wäsche= und Bekleidungs=A.=G.; die Warenverkehrsstelle zur Deckung des Bedarfs von Stadt und Land A.=G. (welch letztere eine besonders große Anzahl von Tochtergesellschaften gegründet hat und eine Reihe von Konsortialgeschäften betreibt). Die Eigenart dieser Gründungen besteht nicht bloß in ihrer finanziellen und juristischen Konstruktion, sondern auch in ihrem organisatorischem Aufbau. Generalversammlung, Verwaltungsrat und Direktion bestehen vielfach aus denselben Personen, so daß die eigentlichen Träger, die Genossenschaften, kaum einen Einblick in die Gebarung dieser Unternehmungen haben. Auch eine Staatsaufsicht im eigentlichen Sinne fehlt, indem die Vertreter der Regierung da und dort zugleich als Verwaltungsräte und geschäftsführende Organe fungieren.

Die Großeinkaufsgesellschaft ist ferner an dem Holzbetriebe der Gemeinde Wien beteiligt. In diesem Zusammenhange wären auch die von der sozialdemokratischen Partei gegründeten „Hammerbrotwerke" in Schwechat bei Wien zu erwähnen, deren Rechtsform gegenwärtig eine A.=G. (früher Kommanditgesellschaft) ist und deren Aktien zu einem Teile sich in den Händen eines privaten Kapitalisten befinden. Dieses Unternehmen verfügt über mehrere Brotfabriken in Wien, Wiener Neustadt, St. Pölten und beliefert zusammen mit den übrigen Arbeiter= und Genossenschaftsbäckereien die Mitglieder der Konsumvereine, verkauft jedoch im übrigen an jedermann. Die dazu gehörige Mühle ist an einen privaten Unternehmer verpachtet. Für die Gewerk=Mühle ist an einen privaten Unternehmer verpachtet. Für die Gewerkschaften, die genossenschaftlichen und Parteiunternehmungen ist eine Arbeiterbank in Bildung begriffen, die in Gemeinschaft mit den Kreditgenossenschaften in Graz, Linz und Salzburg alle die vorhin angeführten Betriebe, auch die Konsumvereine, finanzieren soll.

Schon aus der bisherigen Darstellung ergibt sich, daß die Entwicklung der unter sozialdemokratischem Einflusse stehenden Konsumgenossenschaften in Österreich einen zum Teil ganz eigenartigen Gang genommen hat, der von dem in anderen Ländern verschieden ist. Was ihn charakterisiert, ist die Anwendung von Methoden, die sonst dem genossenschaftlichen Gedanken fremd sind, nicht nur durch die starke Inanspruchnahme privater und staatlicher Kreditquellen beim Aufbau sowie bei der Fortführung der Betriebe, sondern auch durch die umfängliche Verbindung mit gemein- und gemischtwirtschaftlichen und mit ausgesprochen privatwirtschaftlichen Unternehmungen sowie durch die Verquickung der genossenschaftlichen Bedarfsdeckung mit der kapitalistischen Produktion für den offenen Markt. Kurz, das Bestreben, die Geschäfte über den eigentlichen Bedarf des gesicherten, weil organisierten Konsums hinaus ohne genügend eigenes Betriebskapital auszudehnen und an der privaten Wirtschaft zu Gewinnzwecken teilzunehmen, ist in einem Grade vorhanden, daß der genossenschaftliche Rahmen früher oder später gesprengt werden kann. Diese Veränderung des ursprünglichen Charakters tritt in einzelnen Belangen besonders deutlich in Erscheinung. So bei der Broterzeugung und den Textilgeschäften, die in einem Umfange betrieben werden, daß sie zur Bedarfsbefriedigung nicht nur der Mitglieder von Konsumvereinen, sondern weiterer, außenstehender Kreise ausreichen, ja darauf angewiesen sind. Die Absicht ist, durch die Belieferung auch des unorganisierten Konsums Profite zu erzielen, die den genossenschaftlichen Unternehmungen, aber auch den gewerkschaftlichen und politischen Organisationen zugute kommen sollen[1].

Neben allgemein zugänglichen Genossenschaften bestehen auch solche, die nur von Gewerkschaften gebildet werden und aus deren Mitgliedern zusammengesetzt sind. In dieser Beziehung sind zwei Konsumentenorganisationen zu nennen: der Reichswirtschaftsbund der Festangestellten, ein Verband von Fachvereinigungen privater und öffentlicher Beamten, der eine genossenschaftliche Warenabteilung betreibt, und die Staatsangestellten-Fürsorge-Anstalt (Stafa), welche gleichfalls ein großes Warenhaus als Genossenschaft errichtet hat, die jedoch seit Dezember 1922 in eine Aktiengesellschaft umgewandelt wurde

---

[1] Einige Gründungen der Gewerkschaften in Form von Produktivgenossenschaften (der Kleidermacher, der Schlosser, der Bau- und Möbeltischler) kommen hier nicht weiter in Betracht.

und deren Treuhänder der „Bund der öffentlichen Angestellten" und die „Freie Organisation der Sicherheits= und Kriminalbeamten" sind, welche über die Mehrzahl der Aktien verfügen. Das gleiche Schicksal erlitt die „Mittella", der Lebensmittellagerbetrieb für österreichische Staatsbedienstete. Ähnliche Verbindungen stellen die in Linz, Salzburg, Innsbruck und Dornbirn bestehenden Genossenschaftswarenhäuser dar, an denen die Konsumvereine, Gewerkschaften und Organisationen der Partei beteiligt sind. Ihrer Rechtsform nach sind sie keine Genossenschaften, sondern Gesellschaften m. b. H., die gemeinsam mit den Konsumvereinen betrieben werden und die sich von ihnen dadurch unterscheiden, daß sie an jedermann verkaufen. Solche Teilung der Arbeit besteht zwar auch anderwärts, doch ist dann der finanzielle Aufbau und Geschäftszweck ein rein genossenschaftlicher. In Wien selbst führt die Großeinkaufsgesellschaft fünf derartige Warenhäuser; sie betreibt nicht bloß das Engros=, sondern auch das Detailgeschäft, wenigstens was Textilien und verwandte Artikel anbelangt, ohne den Verteilungsapparat der Konsumvereine. Die Großeinkaufsgesellschaft hat übrigens selbst mit einer gewissen Konkurrenz innerhalb der Genossenschaftsbewegung zu rechnen. Während der Kriegszeit waren nämlich einige Landesverbände von Konsumentenorganisationen entstanden, welchen sich alle möglichen Berufsvereinigungen von Festbesoldeten anschlossen, die sich die Versorgung der Mitglieder zur Aufgabe gemacht hatten, obzwar dies nicht zu ihren ursprünglichen eigentlichen Aufgaben gehörte. Industrieunternehmungen, die für den Heeresbedarf arbeiteten, Beamtenvereine und ähnliche Körperschaften, die in den staatlichen Verteilungsapparat eingeschaltet sein wollten, bildeten mit Unterstützung von Gemeinde und Land Einkaufsverbände zur Beschaffung von Lebensmitteln. Von diesen Gebilden sind heute noch zwei übrig, eins für Oberösterreich[1] und eins für Steiermark, von welchen der letztere Verband zum Teil durch Industrielle finanziell gehalten wird. Wieviel beide mit der Großeinkaufsgesellschaft in geschäftlicher Beziehung stehen, ist doch nicht zu übersehen, daß diese Einkaufsvereinigungen (Ges. m. b. H.) ihrem Wesen nach Zwischenglieder sind, die sich zwischen den Konsumvereinen und ihrer Großeinkaufsgesellschaft eingeschoben haben. Auch sonst ist das Prinzip der Arbeitsteilung zwischen den Gliedern der Partei an manchen Stellen der Arbeiter=

---

[1] Der Oberösterreichische Verband von Konsumentenorganisationen wurde seither in eine Abteilung der Großeinkaufsgesellschaft für Konsumvereine umgewandelt.

bewegung durchbrochen. Sicherlich hat das Zusammenwirken Vorteile für sich, doch es zeitigt auch Nachteile, indem es die Kompetenzen und Verantwortlichkeiten verschiebt, die Übersicht erschwert und die Kontrolle behindert. Die Vermengung parteipolitischer und genossenschaftlicher Aufgaben und Tendenzen schafft überdies inkompatible Doppelstellungen und gefährdet zeitweilig die Interessen der beiderseitigen Organisationen. Ökonomisch bedeuten aber alle diese vorangeführten Wirtschaftskörper eine im Verhältnis zur Gesamtwirtschaft große Macht. Sieht man von den Kompagniegeschäften der Konsumvereine und ihrer Großeinkaufsgesellschaft ab, so ergibt sich für die ersteren nach der Statistik des Verbandes deutschösterreichischer Konsumvereine folgendes Bild:

Berichtsjahr 1921:

Berichtende Konsumvereine: 89 mit 204 Verkaufsstellen.

Mitgliederzahl	574 116
Warenlosung	10 388 278 304 Kr.
„ pro Mitglied	18 096 „

Unkosten in Kronen:

Löhne		573 525 570
Miete	5 896 886	
Steuern	20 244 267	
Zinsen	42 608 006	
Sonstige Spesen	653 132	
Verluste	39 071	251 639 308
		825 164 878

Eigenes Kapital (in Kronen):		Fremdes Kapital (in Kronen):	
Geschäftseinlagen und Reservefondseinlage der Mitgl.	107 213 836	Spareinlagen-Hilfsfonds	483 411 607
Allgem. Reservefonds und Spezialreservefonds	85 879 491	Hypothekar-, Bank- und sonstige Darlehen	467 250 175
	193 093 327	Warenschulden	1 103 724 899
			2 007 649 397

Eigenproduktion:

Wien: Konsumgenossenschaft Wien	Bäckerei, Kaffeebrennerei, Feigenkaffeerzeugung, Molkerei, Flaschenbierfüllerei, Kracherlerzeugung, Weinkellerei, Landwirtschaft in Fischamend.
Erster Wiener Konsumverein	Brotbäckerei, Gewürzmühle, Kaffeebrennerei, Feigenkaffeeerzeugung, Weinkellerei, Kohlenlager, Holzverkleinerung mit elektrischem Betrieb.
Großeinkaufsgesellschaft	Fünf Genossenschaftswarenhäuser in Wien, je eines in Dornbirn, Innsbruck, Salzburg und Linz.

Graz: Steirische Konsumgenossenschaft	Bäckerei, Essigfabrik, Weinkellerei, Werkstätte (Tischlerei, Binderei), Mühle, Marmeladenfabrik, Wasserwerk (Anlagen in Eggenburg und Fürstenfeld).
Innsbruck-Mühlau:	Arbeiter-Bäckerei.
Leoben:	„ „
Linz: Konsumenten-Verband	{ Gastwirtschaft und Kino, Großfleischerei. Brotfabrik, Großfleischerei.

Neben diesen großen zentralen Wirtschaftsorganisationen der Verbraucher gibt es noch zahlreiche andere, von denen jedoch nur die folgenden eine besondere Bedeutung beanspruchen dürfen. Die „Großeinkaufsgesellschaft für industrielle Konsumanstalten", welche die Werkskonsumvereine (Konsumanstalten, Betriebsfassungen) beliefert, welche keine Eigengebilde sind und keine Rechtsform haben, sondern für Rechnung der Betriebe für die dort beschäftigten Arbeiter geführt und von den Industriellen um so eifriger gepflegt werden, als sie ihnen heute mehr denn je als Mittel ihrer Lohnpolitik und zur Beeinflussung der Arbeiterschaft dienen. Die „Großeinkaufsgesellschaft für industrielle Konsumanstalten" (eine Ges. m. b. H., die demnächst eine A.-G werden soll) wurde, als sich die Not des Weltkrieges schärfer fühlbar machte, am 1. Januar 1916 von den damaligen drei industriellen Verbänden zu dem Zwecke ins Leben gerufen, den Angestellten und Arbeitern der industriellen Betriebe die notwendigen Lebensmittel und Bedarfsartikel zu sichern und meist mehr oder minder verbilligt abzugeben. Der Großeinkaufsgesellschaft (GEST) gehören 926 industrielle Betriebe mit einem Gesamtverpflegsstande von 1 067 874 Köpfen, wobei die in Konsumvereinen organisierten Arbeiter in Abschlag gebracht erscheinen, als Gesellschafter an. Nach dem Zusammenbruch entfiel eine beträchtliche Anzahl der in den nunmehrigen Sukzessionsstaaten gelegenen Betriebe, und heute hat die „GEST" 797 Gesellschafter mit einem Gesamtverpflegsstande von 491 896 Köpfen. Die GEST besitzt außer dem Zentralbureau in Wien zwei Bahnmagazine mit Geleiseanschluß, ein Hauslager, eine große Kelleranlage, zwei Holzlagerplätze, eine Säge, eine Textil-Engrosabteilung mit zwei Detailabgabestellen und je eine Lagerstelle in Wiener Neustadt und St. Pölten. Der Umsatz 1921 betrug über $1^1/_2$ Milliarden (1 507 974 615) Kr.

Außerdem bestehen Wareneinkaufsstellen für die Wiener Gemein=

schaftsküchen, für Wiener Krankenhäuser, für größere Gemeinden, ferner Einkaufsorganisationen der geistigen Arbeiter usw. Wiewohl gleichfalls eine Betriebseinrichtung, so doch auf genossenschaftlicher Basis beruhend, ist der Zentralverband der Lebensmittelmagazine für Bedienstete der österreichischen Verkehrsanstalten. Es ist dies eine genossenschaftliche Einkaufsvereinigung, die für die Konsumanstalten der Eisenbahnen und der Post den gemeinsamen Warenbezug besorgt und mit den Konsumvereinen der übrigen Arbeiterschaft in mehrfacher Verbindung steht. Endlich wären auch einige Konsumvereine zu nennen, die abseits von dem Verbande der österreichischen Konsumvereine stehen, so die katholischen (christlich-sozialen), dann die im alten bürgerlichen Verbande verbliebenen Vereine, sowie solche, die von Kriegsinvaliden und anderen Gruppen gebildet wurden. Mit Ausnahme allenfalls einer von der Reichsorganisation der Hausfrauen Österreichs gegründeten Genossenschaft kommt ihnen, in ihrer überragenden Mehrheit Zwerggebilde, keine besondere Bedeutung zu, noch weniger jenen, die auf konfessionellem oder nationalem Standpunkte stehen. Insgesamt zählt man 1921 nach einer Mitteilung des Bundesamtes für Statistik 369 Konsumvereine und ihnen verwandte Gebilde.

III.

Wie sich aus der bisherigen Darstellung ergibt, ist das Bild der konsumgenossenschaftlichen Organisationen in dem kleinen Deutsch-Österreich ein ziemlich buntes. Neben dem festen Kristallisationskern, den der Verband deutschösterreichischer Konsumvereine darstellt, gruppiert sich eine Reihe von Assoziationen, die zwar gleiche wirtschaftliche Zwecke verfolgen, im übrigen jedoch eigenbrödlerischen Nebenzielen nachgehen, so daß der Hauptzweck nicht voll erfüllt werden kann. Auch sonst harren zahlreiche Probleme der äußeren und inneren Organisation erst noch der Lösung, die nur langsam von statten gehen kann, weil die wirtschaftlichen Grundlagen dieses Staates unsicher sind und mancherlei Voraussetzungen für eine ruhige, zielklare Genossenschaftsarbeit fehlen. Alles ist in raschem Fluß begriffen, die Zersplitterung der Kräfte auf der einen Seite und große, sogar mammutartige Gebilde auf der anderen Seite, konservative Rückständigkeit und kapitalistisch-spekulative Großzügigkeit, gewissenhafte Vorsicht und mehr kühne als solid vorbereitete Experimente kennzeichnen die Sachlage. Von einer planmäßigen Erziehung der Massen zur Genossenschaftlichkeit ist erst wenig die Rede, und statt der Durchsetzung der Wirtschaft mit den Grundsätzen der Selbsthilfe, Sparsamkeit und Selbstverantwortung ist vielfach das Gegenteil der Fall: die stellenweise eingetretene Durchsetzung der Genossenschaftsbewegung mit unkaufmännischen Methoden des sonst so verpönten privaten Kapitals. Der Drang nach Erzielung möglichst hoher Überschüsse äußert sich in der Ausdehnung der Geschäfte weit über die eigene Kraft hinaus, wodurch das Mißverhältnis zwischen Umsatz und Eigenkapital vergrößert wird, ein Übel, das der unaufhaltsame Verfall der Währung wesentlich verschärft. Leider wurde dieser Entwicklung nicht rechtzeitig gesteuert. Allgemein mißverstand man die scheinbare wirtschaftliche Prosperität der Industrie und des Gewerbes, wie sie nach Kriegsende eintrat und doch nur eine Fiktion blieb, sowie den weiteren Gang der Dinge, und auch im gegenwärtigen Stadium wird die Gefahr mit ganz untauglichen Mitteln bekämpft. Alle Anstrengungen der Konsumvereine, das wie Wachs in der Flamme zerschmelzende Betriebskapital durch Erhöhung der Geschäftsanteile, durch Vermehrung der Spareinlagen, durch Ausgabe von Teilschuldverschreibungen, durch Heranziehung privater Kreditquellen usw. zu stärken, haben sich bis jetzt als Sisyphus- und Danaidenarbeit erwiesen. Es ist ein nahezu aussichtsloses Beginnen, mit der Geldentwertung gleichen Schritt zu halten, und die Kaufkraft des einzelnen wie der Gesamtheit muß schließlich erlahmen, wenn es nicht gelingt, die Passivität der Staats- und Volkswirtschaft zu beheben. Dieser Termin rückt immer näher heran, zumal der Staat im Hinblick auf seine eigene Geldnot gezwungen ist, die den Genossenschaften eingeräumten Kredite zu sperren und alle Steuerquellen, auch die genossenschaftlichen, bis zur Neige auszuschöpfen.

Überhaupt geraten die Konsumvereine als zur öffentlichen Rechnungslegung verpflichtete Körperschaften durch die wirtschaftliche Entwicklung in der Nachkriegszeit und durch die Steuerpolitik der Nationalversammlung gegenüber dem privaten Handel mehr und mehr in Nachteil. Längst ist die scharfe Trennung von direkten und indirekten Angaben dahin. Die starre Doktrin der grundsätzlichen Unterscheidung zwischen den beiden Steuergattungen war unter dem Zwange der Umstände nicht aufrecht zu erhalten; um so wuchtiger drückt die immer stärker einsetzende Belastung auf die Konsumgenossenschaften. Gegenwärtig gestaltet sich die Sachlage wie folgt: Von den Erwerbs- und Wirtschaftsgenossenschaften genießt ein Teil unter gewissen Voraussetzungen Steuerbegünstigungen, die jedoch vornehmlich agrarischen

Genossenschaften zugute kommen. Was insonderheit die Konsumvereine betrifft, so hat sie der Fiskus in den letzten Jahren unter Zustimmung der Volksvertretung mit einer Rücksichtslosigkeit behandelt, die auch durch die bedrängte Lage der Staatsfinanzen nicht ganz gerechtfertigt erscheint. Abgesehen von den fortgesetzten Erhöhungen der Frachttarife und indirekten Abgaben auf Getränke, Zucker, Petroleum und andere Gebrauchsartikel, die den Konsum an und für sich schwer belasten, sind die Konsumvereine mit drückenden Zuschlägen zu den Gemeindesteuern und mit einer Fürsorgeabgabe zugunsten öffentlicher Heilanstalten belastet; nicht zuletzt auch durch eine Geldumsatzsteuer, die in Wirklichkeit eine versteckte Warenumsatzsteuer ist, wobei die eigentliche Warenumsatzsteuer erst noch bevorsteht. Neben der Mehrbelastung durch die sozialpolitischen Verpflichtungen und durch die Lohnregien ist es gerade die Besteuerung, welche die Leistungsfähigkeit, damit aber auch die Konkurrenzfähigkeit der Konsumgenossenschaften gegenüber den privatkapitalistischen Detailhändlern zum Teil nicht unerheblich schwächt.

Dazu kommt die den Anforderungen der Gegenwart längst nicht mehr entsprechende Gesetzgebung. Das Grundgesetz über die Erwerbs- und Wirtschaftsgenossenschaften ist das Gesetz vom 9. Mai 1873, RGBl. Nr. 70. Damit und mit der Verordnung vom 14. Mai 1873, RGBl. Nr. 71, über die Anlegung und Führung des Genossenschaftsregisters, erhielten die bis dahin nach dem Vereinspatente vom Jahre 1852 errichteten Genossenschaften eine gesetzliche Rechtsbasis, die sich im großen und ganzen für kleine Konsumvereine als brauchbar erwies. Das Gesetz war den Bedürfnissen der Genossenschaften im wesentlichen angemessen und ließ ihrer Entwicklung Raum, trotz manchen zünftlerischen Einschlags, der den Gewerbebehörden in der Praxis die Handhabe zu Drangsalierung bot.

Im Laufe der Jahre offenbarten die Erfahrungen eine Lücke, die durch den in Selbstverwaltungskörpern schwer behebbaren Mangel einer durchgreifenden Kontrolle der Gebarung sichtbar wurde. Da die Einsetzung eines Aufsichtsrates neben dem Vorstande nicht obligatorisch vorgeschrieben war und dort, wo sie erfolgt war, nicht die Sicherheit der Gebarung vollkommen verbürgte, wurde nach dem Beispiele Deutschlands, das auch sonst als Muster galt, ein eigenes Gesetz zur regelmäßigen Revision der Genossenschaften geschaffen und am 28. Juni 1903, RGBl. Nr. 133, nebst einer Durchführungsverordnung vom 24. Juni 1903, RGBl. Nr. 134, verlautbart. Es bewährte sich sehr, wenngleich die seither gemachten Erfahrungen auch diesfalls eine Ausgestaltung wünschenswert erscheinen lassen, und zwar nach der Richtung, daß die Revisoren von dem Einflusse der ihnen vorgesetzten parteipolitisch gerichteten Verbände und anderer, an falschen Revisionsberichten interessierten Faktoren frei und den Handelsgerichten gegenüber voll verantwortlich werden.

Vor und nach dem Erlaß des Revisionsgesetzes waren Bestrebungen zur Reform des Genossenschaftsgesetzes — die letzte Aktion war im Jahre 1911 — im Gange; sie versandeten in der Trostlosigkeit des altösterreichischen Parlamentarismus. Erst im Kriege wurde auf Grund des Ermächtigungsgesetzes eine Verordnung des Justizministers, datiert vom 21. März 1918, herausgegeben, durch die die Vorschriften über den Konkurs, die Geltendmachung der Haftung und das Ausgleichsverfahren bei Genossenschaften zu deren Gunsten abgeändert wurden. Danach erscheint der Einzelangriff der Gläubiger auch bei Genossenschaften mit unbeschränkter Haftung beseitigt und durch eine unbeschränkte Nachschußpflicht ersetzt, das Umlageverfahren wirksamer gestaltet und das Ausgleichsverfahren als zulässig erklärt. Wertvoller ist noch die vom Verbande deutschösterreichischer Konsumvereine angeregte und ausgearbeitete Novelle vom 15. Juli 1920, StGBl. 328, welche die Haftung bei Konsumvereinen mit Anteilen von mindestens 50 Kr. und bei Beschränkung des Geschäftsbetriebes sowie des Sparverkehrs auf die eigenen Mitglieder auf den einfachen Geschäftsanteil reduziert und diese Umwandlung der Haftung im Wege einer bloßen Statutenveränderung, ohne vorherige Liquidation der Genossenschaft, sowie die Einführung des Delegiertensystems gestattet.

Den Überbau der Konsumgenossenschaften bilden, wie anderwärts[1], die Großeinkaufsgesellschaft für Konsumvereine und der Verband deutschösterreichischer Konsumvereine, erstere in der Rechtsform einer Ges. m. b. H., letzterer nach dem Vereinsgesetz vom Jahre 1867 konstituiert. Was die Tätigkeit der Großeinkaufsgesellschaft charakterisiert, ist der Umstand, daß sie, wie bereits dargelegt, weit mehr als andere Zentralstellen dieser Art mit der Staats- und Privatwirtschaft verflochten ist und ihre Tätikeit nicht bloß auf die Belieferung der ihr angeschlossenen Konsumvereine beschränkt. Wir haben ihrer zahlreichen Beteiligungen schon an früherer Stelle ge-

---

[1] Durch eine Verordnung vom 19. Juli 1922 wurde auch eine besondere Interessenvertretung der Konsumentenorganisationen geschaffen, die indessen noch nicht aktiviert ist.

dacht; die wichtigste ist die an der Warenverkehrsstelle zur Deckung des Bedarfs für Stadt und Land, die als Aktiengesellschaft, zusammen mit Staat und landwirtschaftlichen Genossenschaften gegründet, die bäuerliche Bevölkerung mit Waren aller Art versorgt, also die Funktion für die landwirtschaftlichen Konsumenten erfüllt, die die Großeinkaufsgesellschaft für die städtischen innehat. An diese Gründung knüpft sich die Erwartung, daß es möglich sein werde, die landwirtschaftlichen Kreise zum unmittelbaren Warenaustausch mit dem organisierten Konsum der Städte und Industrieorte zu bringen, eine Hoffnung, die bisher nicht in Erfüllung gegangen ist, wogegen die Großeinkaufsgesellschaft durch die Warenverkehrsstelle, welche an jedermann verkauft, alle möglichen Geschäfte betreibt und an zahlreichen Unternehmungen privatwirtschaftlicher und spekulativer Art beteiligt hat, eine gewisse Konkurrenzierung erfährt.

Der Verband deutschösterreichischer Konsumvereine versieht die Aufgaben der Propaganda und Organisation, des Rechtsschutzes und der Revision, der Interessenvertretung der einzelnen Genossenschaften und der Beratung in allen ihren Angelegenheiten. Er stößt hierbei auf mannigfache Schwierigkeiten, die zum Teil in den durch den Krieg geschaffenen Verhältnissen liegen, zum Teil aber auch darin, daß hierzulande der Sinn für Arbeitsteilung, Selbstbestimmung und Selbstverantwortung noch nicht auf jener Höhe steht, wie dies in anderen Staaten der Fall ist. Der Verzicht auf parteipolitische Neutralität hat die ganze Bewegung in eine Abhängigkeit gebracht, die mit den Notwendigkeiten genossenschaftlicher Autonomie praktisch in Widerspruch steht, und die um so weniger begründet erscheint, als von den genossenschaftlichen Forderungen trotz des großen Einflusses der sozialdemokratischen Partei in der Gesetzgebung kaum eine Berücksichtigung gefunden hat. Im Gegenteil, gerade in der Sozialisierungsära hat sich die Position der Konsumvereine legislatorisch zum Teil verschlechtert. Ob die von Staate erlangten Subventionen, die einst grundsätzlich abgelehnt wurden, ein genügender Ersatz für die sonst durchaus mangelnde Förderung durch den Staat sind, oder ob sie nicht vielmehr eine Schädigung durch die damit herbeigeführte Erschlaffung der Elemente tätiger Selbsthilfe und der wirtschaftlichen Kräfte überhaupt enthalten, ist für denjenigen, der das Wesen der wirtschaftlichen Selbsthilfe im Kern erfaßt hat, keine Frage. Mit dem genossenschaftlichen Prinzip lassen sie sich ebenso wenig in Einklang bringen wie die privatwirtschaftlichen Methoden, die stellenweise vorherrschen.

Die schweizerische Konsumgenossenschaftsbewegung.

Von

Dr. Karl Pettermand (Basel).

Den Bewohnern der schweizerischen Eidgenossenschaft war der Sinn für die Selbsthilfe seit Urzeiten angeboren. Ihre politische und ihre wirtschaftliche Lage zwang die alten Eidgenossen zum gemeinsamen Handeln. Schon die primitive Alp- und Dorfwirtschaft weist deshalb Keime kooperativer Wirtschaftsformen auf. Frühzeitig bildeten sich die ersten Verbindungen zur Bewirtschaftung von Alpweiden in den Gebirgsgegenden. In den Städten traten im Rahmen der Zunftverfassung Krankenladen in Tätigkeit, eine Art Unfallversicherung. Der ganze Staatsorganismus basierte auf dem Prinzip der wirtschaftlichen und politischen Solidarität der Bürger. Der Kornverwaltungsapparat erscheint als Teil des staatlichen Haushaltungsplans der gleichsam als Brotgenossenschaft zusammengefaßten Bevölkerung. Ebenso wirkte die kommunale Preispolitik im Sinne der Auffassung der Bewohner als organisierte Konsumenten. Im vorrevolutionären Staat war die Bewohnerschaft einer Stadt oder eines Landes als wirtschaftende Einheit, als Marktgenossenschaft gedacht, innerhalb welcher kein Genosse den anderen übervorteilen durfte.

Trotzdem konnte natürlich die wirtschaftliche Trennung des Volkes in Arbeitgeber und Arbeitnehmer, Besitzende und Arme mit den sozial nachteiligen Folgen des Abhängigkeitsverhältnisses nicht verhindert werden. Mit der Erstarrung des alten Staates gegen den Ausgang des achtzehnten Jahrhunderts kommt immer mehr die private Hilfstätigkeit zur Geltung. Sie wagt sich erst nur zaghaft hervor und versucht mit dem seine genossenschaftliche Tradition noch nicht ganz verleugnenden Staat zu kooperieren. Die Fürsorge- und Bildungsbestrebungen werden auf diese Weise zu fördern versucht. Den geistigen Untergrund dieser Bestrebungen schufen die Männer der Helvetischen Gesellschaft und der lokalen Gemeinnützigen Vereinigungen wie der Gesellschaft des Guten und Gemeinnützigen in Basel, der Ökonomischen Gesellschaft in Bern und der Naturforschenden Gesellschaft in Zürich. Die bekanntesten Vertreter dieser Bewegung zur geistigen Erneuerung des Volkes waren Johann Jakob Bodmer, Heinrich Pestalozzi, Salomon und Johann Kaspar Hirzel in Zürich, Isaak Iselin in Basel; später übernahmen Emanuel von Fellenberg in Bern und Heinrich Zschokke in Aarau ihre Ideen und verbreiteten sie in sehr wirksamer Weise. Zschokke schrieb seine bekannte Erzählung „Das Goldmacherdorf", und Fellenberg gründete den Hofwyler Erziehungsstaat.

Der praktische Niederschlag dieser gemeinnützigen Bestrebungen zeigte sich zunächst in einer regen Gründungstätigkeit von Anstalten und Vereinen, die das Volk in seiner Bildung fördern und durch die Erweckung der Selbsthilfe, unter der Mitwirkung der oberen Gesellschaftsschichten, kulturell und wirtschaftlich heben sollten. Die damals geschaffenen Einrichtungen bestehen in irgendeiner Form heute noch. Entweder hat sich inzwischen der Staat ihrer angenommen, wie zum Beispiel der Abendschulen, oder die private Wohltätigkeit pflegt das betreffende Gebiet wie ehedem. Rein wirtschaftlich orientiert sind die landwirtschaftlichen Organisationen der Käsereien, Schäfereien sowie der Versicherungsgenossenschaften für Hagelschlag und Viehverlust. Die erste Käserei wurde im Jahre 1801 im Kanton Waadt gegründet; schon zehn Jahre später konnte indessen konstatiert werden, daß beinahe jedes Dorf des Welschlandes einen solchen Gemeinschaftsbetrieb besitzt. Auch in der deutschen Schweiz faßte diese Assoziationsform bald festen Fuß; denn ihre wirtschaftlichen Vorteile waren sehr in die Augen springende. Die Käserei ist die bedeutsamste Form der landwirtschaftlich-gewerblichen Assoziation geworden, weil sie ermöglicht, den Käse rationeller und in viel besserer Qualität herzustellen, als dies dem einzelnen Bauern möglich ist. Sie brachte das Geld in die Dörfer und gab den Bauern die Mittel in die Hand, ihre Betriebe zweckmäßig auszubauen und ihre Zinsen leichter aufzubringen.

Erziehung zur Würde des Menschen, zum Selbstdenken und zur Selbsthilfe war das erzieherische und soziale Ziel der Männer der gemeinnützigen Gesellschaften. Zuerst sollten die gebildeteren Klassen die Führung in diesen Bestrebungen behalten, jedoch Stück um Stück an die direkt Beteiligten abtreten, um sie selbst zu Verwaltern und Organisatoren der eigenen wirtschaftlichen Kräfte und Mittel zu machen. Die ersten Gründungen sahen noch das Zusammenwirken des Staates mit der privaten Hilfsorganisation vor. Zur Zeit der Kornteuerungen hatte in der vorrevolutionären Zeit der Staat allein durch kräftiges Eingreifen der Not zu steuern vermocht. Als er aber durch die politische Umwälzung einen Teil seiner Machtvollkommenheit einbüßte, vom wirtschaftlich-patriarchalisch orientierten zum Rechtsstaat wurde, mußten die Notstandsaktionen gemeinsam mit den vermöglichen Bürgern durchgeführt werden. Sie halfen, durch zinsfreie Darlehen den Korneinkauf im großen zu betreiben und durch unbezahlte Hilfeleistung die Spesen zu verringern. Schließlich wurden die Brotteuerungsaktionen ohne die Mithilfe des Staates durchgeführt. In den 40er Jahren entstanden in verschiedenen Städten der Schweiz sogenannte Fruchtvereine. Das waren gemeinnützige Aktiengesellschaften, die sich zu dem Zwecke konstituierten, den Fruchteinkauf rationell an die Hand zu nehmen und durch Abgabe von Mehl oder Brot den Armen der Stadt, gegen Vorweisung der Brotkarte, möglichst gut über die teure Zeit hinweg zu helfen. War die Kornknappheit überwunden, so stellte der Fruchtverein seine Tätigkeit ein und zahlte den Teilhabern ihr Kapital zurück. Wie nicht anders erwartet worden war, zeigte sich oft, daß das Liquidationsergebnis einen bedeutenden Verlust aufwies.

Inzwischen waren aber schon reine Selbsthilfeorganisationen aufgetaucht, die das gleiche Ziel verfolgten wie die Fruchtvereine. Die Klagen über schlechte Brotlieferung der Bäcker veranlaßten an verschiedenen Orten, insbesondere im Glarnerland, die Konsumenten, zur Gründung von genossenschaftlichen Bäckereien zu schreiten. Im Jahre 1840 wurde in Glarus eine Aktienbäckerei ins Leben gerufen, und in den nächsten Jahren entstanden nach diesem Vorbild auch in anderen Gemeinden solche Unternehmen. Die Glarner Aktienbäckerei existiert heute noch. Es ist charakteristisch für die Jahre vor der 48er Revolution, daß die Sorge um das tägliche Brot die Selbsthilfeorganisationen hauptsächlich entstehen läßt. Auch die ersten Konsumvereine jener Zeit sind vorwiegend Brotvereine.

Einen bedeutsamen Schritt weiter zur Entwicklung des genossenschaftlichen Gedankens unter den minderbemittelten Klassen taten die Gründer der ersten Lebensmitteleinkaufsvereine. Sie beschränkten sich nicht allein auf den billigen Mehl- und Brotverkauf und die Brotherstellung, sondern sie gliederten sich noch eine Handlung an. Das Vorbild dazu hatten schon die Zürcher gemeinnützigen Gesellschaften gegeben, als sie für ihre Suppenanstalten und anderen Fürsorgeeinrichtungen eine gemeinschaftliche Einkaufsstelle betrieben. Die geschichtlich bedeutsamen Organisationen dieser ersten Konsumvereinsperiode waren die Allgemeine Arbeitergesellschaft in Basel und der Konsumverein in Zürich. Die Allgemeine Arbeitergesellschaft in

Basel wurde im Jahre 1847, kurz nach dem Eingehen eines Frucht=
vereins gegründet. An der Wiege dieses ersten der vielen Basler
Konsumvereine standen die Mitglieder der Posamenterkrankenkasse.
Seine Teilnehmer setzten sich darum auch meistens aus Angehörigen
des Seidenbandgewerbes zusammen, so daß er während der zwölf Jahre
seines Wirkens stets der Posamentenkonsumverein blieb. Eine wesent=
liche Erweiterung seiner Teilnehmerschaft gelang ihm nicht. Der Bäckerei=
betrieb war der Hauptzweig seiner Tätigkeit; er focht deswegen einen
längeren Streit aus mit der Bäckerzunft, weil sein Bäcker noch
nicht volljährig war und deshalb dem Betrieb nicht selbst vorstehen
durfte. Vom 1. Januar 1854 ab scheint er aber das Mehl im eigenen
Produktivbetrieb verarbeitet zu haben. In jenem Jahre betrug der
Brotverkauf 27 252 Fr., der Erlös aus Spezereiwaren hingegen nur
11 858 Fr. Mit dem Weinverkauf zusammen erzielte man einen Gesamt=
umsatz von 43 416 Fr. Den lohnenden Kolonialwarenhandel betrieb die
Gesellschaft nicht intensiver, weil ihr die geschäftliche Routine fehlte.
Ihre Organisation war eine primitive; denn sie hatte in ihren Sta=
tuten einen Paragraphen, der die Mitglieder zu freiwilliger Hilfe=
leistung verpflichtete. Während einiger Jahre arbeitete sie mit gutem
Erfolg, wenn auch der Umsatz stets klein blieb und eine Erweiterung
des Mitgliederkreises auf andere Gewerbe und Stände nicht gelang.
Sie erwarb sogar einen Häuserblock in Klein=Basel, in dem sie Bäckerei
und Laden unterbrachte; aber im Jahre 1861 mußte sie das Besitztum
verkaufen. Eine verfehlte Kartoffelspekulation hat wahrscheinlich ihr
Ende herbeigeführt. Ihr Andenken ist noch während einiger Jahre
lebendig geblieben. Sie galt gewissermaßen als Pionier der Be=
wegung, und ihr verhältnismäßig langes Bestehen bot bei der einige
Jahre später erfolgten Gründung des Allgemeinen Konsumvereins An=
laß, auf ihre verschiedenen Einrichtungen hinzuweisen.

Zu gleicher Zeit wirkte in Basel eine andere Assoziation, nämlich
ein Sparverein nach dem Muster des vom Armensekretär Liedke
in Berlin gegründeten Sparvereins des Hamburger Torbezirks. Die
Teilnehmer dieser Gesellschaft bezahlten während der Sommermonate
ihre Beiträge zur Ansammlung eines Fonds. Damit wurden Lebens=
mittel im großen eingekauft und im Winter den Teilnehmern ent=
sprechend ihren Einzahlungen abgegeben. Der wirtschaftliche Grund=
gedanke war dabei folgender: Im Sommer ist die Arbeitsmöglichkeit
eine bessere als im Winter. Die Lebenshaltung ist hingegen im Winter

kostspieliger als im Sommer, weil für Heizung, Nahrung und Beleuchtung mehr ausgelegt werden muß. Liedke konnte nun die Beobachtung machen, daß aus diesen Gründen die ganz Armen seines Bezirks bei den Händlern auf Borg kaufen mußten und bis zum Ende des Winters in tiefe Schulden gerieten. Liedke sagte sich nun, wenn diese einem schmarotzenden Händlerstand verfallenden Proletarier dazu angehalten werden könnten, während der Sommermonate eine Summe zusammenzulegen, so würde aus den vielen Armen ein Reicher, der die Waren im großen einkaufen könnte. Durch freiwillige Mithilfe begüterter Kreise wurde der Einkauf besorgt und die Waren zu weit günstigeren Bedingungen abgegeben, als das der Kleinhändler vermochte. Der nach diesem Vorbild in Basel entstandene Sparverein entfaltete während der beiden Winter 1848/49 und 1849/50 eine segensreiche Tätigkeit. Die Brotkasse, welche Liedke mit seinem Sparverein verband, ist in Basel nicht nachgeahmt worden.

Diese primitive Assoziationsform war durch die Arbeitergesellschaft eigentlich schon überholt; denn diese stand in der Entwicklung eine Stufe höher; sie organisierte die Selbsthilfe auf breiterer Basis, indem sie die bemittelteren Stände nicht mehr zur Mitarbeit heranzuziehen brauchte. Die Basler Arbeitergesellschaft nahm so die Ideen der fremden Assozialisten, die die Arbeiter damals beeinflußten, teils bewußt, teils instinktiv auf und vermischte sie mit den Erfahrungen und organisatorischen Grundsätzen der gemeinnützigen Aktienvereinigungen. Die erzieherischen Grundsätze und der von Pestalozzi, Fellenberg und den Männern der Helvetischen Gesellschaft vertretene Gedanke einer Volksgenossenschaft, bildeten kein treibendes Moment dieser Arbeiterorganisation. Auch die bürgerlichen Nachahmungen und die anderen in Basel ins Leben getretenen Gebilde vermochten nicht, den sozialpädagogischen Grundgedanken der ideellen Vorbewegung in diese Konsumentenorganisationen hineinzutragen und eine Interessengemeinschaft des sozialwirtschaftlichen und des sozialpädagogischen Prinzips herbeizuführen. Diesen großen Schritt in praktischer und in theoretischer Hinsicht konnte man in der Schweiz nicht tun, ohne die unterdessen in Deutschland von dem großen Genossenschaftspropagandisten Viktor Aimé Huber geleistete Arbeit auf sich wirken zu lassen.

Zunächst fesselte jedoch das mächtige Aufblühen des Zürcher Konsumvereins die Aufmerksamkeit der genossenschaftlichen Welt. Diese Organisation verdankt ihr Entstehen dem Eindringen franzö=

fischer Assoziationsideen in die schweizerische Arbeiterbewegung. Insbesondere die Mitglieder des Grütlivereins Zürich diskutierten eifrig die Fourierschen Theorien. Der Gerbergeselle Karl Bürkli und der Redakteur J. J. Treichler vertraten in diesen Besprechungen mit Nachdruck den Gedanken der Gründung eines Konsumvereins. Sie fanden willige Zuhörer, denn zur Teuerungszeit hatten schon öfters gemeinnützige Gesellschaften im Sinne der Konsumentenorganisationen wie in den anderen Städten der Schweiz und Deutschlands gewirkt. Der Plan von Bürkli und Treichler war aber ein umfassenderer. Sie wollten eine dauernde Einrichtung schaffen, nicht nur ein vorübergehendes Unternehmen, das nur während einer Teuerungszeit über die schlimmste Notlage hinweghelfen sollte. Die Assoziation, die sie schufen, war vielmehr ein sozialistisches Experiment. Es sollte die Lösung der sozialen Frage auf dem Wege der Organisation des Konsums versuchen und von diesem Kerngebilde aus die übrigen Zweige des Wirtschaftslebens in den Bereich des Assoziationswerkes hineinziehen. Selbstverständlich beabsichtigten die Gründer, insbesondere Bürkli, auch Bildungsbestrebungen damit zu fördern.

Der Konsumverein nahm bald nach seiner Gründung einen vielversprechenden Aufschwung. Am 21. September 1851 gegründet, umfaßte die Organisation Ende des Jahres 1852 schon den vierten Teil der Familien der Stadt Zürich. Alle Stände und Berufe waren vertreten. Doch nun kamen die Krisen, die das blühende Unternehmen auf eine schiefe Ebene drängten und bis zum heutigen Tag ihre üblen Folgen für die gesunde Entwicklung der stadtzürcherischen Genossenschaftsbewegung geltend machten. Bürkli zog mit Viktor Considérant nach Amerika, um dort einen sozialistischen Staat zu gründen, kehrte aber nach vier Jahren an Erfahrung und Enttäuschung reicher nach Zürich zurück. Hier war unterdessen der Konsumverein auf die Hälfte seines früheren Umfangs zusammengeschmolzen. Das Unternehmen, das schon stark nach der geschlossenen Aktiengesellschaft hin tendierte, hätte noch vor der gänzlichen kapitalistischen Versandung gerettet werden können; aber Bürkli und seine Genossen, die zeitweise am Ruder waren, benutzten ebenso wenig wie die Partei Treichlers, die das Unternehmen fast zum finanziellen Zusammenbruch führte, die wiederholten Statutenrevisionen, um die genossenschaftliche Form wieder herzustellen. Ein Genossenschaftsrecht, das die rechtliche Form der Konsumentenvereinigungen im heutigen Sinne festgelegt hätte, existierte damals noch nicht. Als Bürkli im Jahre 1870 endlich dazu übergehen wollte, die Basis des Vereins wieder demokratisch umzugestalten und seine früheren sozialreformerischen Projekte in Erinnerung zu rufen, da erhob sich der Unwille gegen ihn, weil man, und dies nicht mit Unrecht, politische Machenschaften dahinter vermutete. Er rächte sich für dieses Mißtrauen damit, daß er einen Run auf die Vereinssparkasse inszenierte, um die entartete Assoziation zu Fall zu bringen. Der Herostratenstreich mißlang aber, dank der in den letzten Jahren von Bürkli selbst mit Aufopferung betriebenen Konsolidierung des Vereins. Damit war der Weg zur Überführung des Zürcher Konsumvereins in eine Genossenschaft verrammelt. Der im Jahre 1877 entstandene Lebensmittelverein versuchte nun den Boden Zürichs für die Bewegung zurückzugewinnen. Es gelang ihm in mühseligem Ringen, einen großen Teil der Arbeiterschaft und weite Schichten der bürgerlichen Bevölkerung zu organisieren, eine Splitterorganisation und später die Mitgliedschaft des gescheiterten Arbeiterkonsumvereins „Helvetia" in sich aufzunehmen; allein der Pfahl im Fleisch der Zürcher Konsumvereinsbewegung, die Aktiengesellschaft, blieb weiter bestehen. Parteizwist und kurzsichtige egoistische Demagogeninteressen haben eine gesunde genossenschaftliche Entwicklung der zuerst erstarkten Organisation verhindert und die Privatgeschäfte, insbesondere die großkapitalistischen Filialgeschäfte, ruhig gedeihen lassen. Als warnendes Beispiel, was Zersplitterung anrichten kann, betrachte man die Zürcher, und als ermutigendes Beispiel, zu welch großen Erfolgen Einigkeit zu führen vermag, die Basler Konsumgenossenschaftsbewegung.

Die ständischen Vereinigungen der Basler Konsumenten waren zu Beginn der sechziger Jahre alle eingegangen — glücklicherweise —; denn sonst hätte sich die gleiche Zweispurigkeit wie in Zürich gezeigt und eine Zersplitterung der Organisationen herbeigeführt. Um ein geeintes Vorgehen zu ermöglichen, war nötig, daß sich weitblickende Männer fanden, die auf breitester Grundlage das Werk neu begannen. Unterdessen war auch der geistige Boden, auf dem eine umfassende Bewegung gedeihen konnte, in trefflicher Weise vorbereitet worden. Der Genossenschaftspionier V. A. Huber hatte in vielen Schriften und Vorträgen die Ziele und Möglichkeiten der Assoziationen besprochen, insbesondere die Pioniere von Rochdale zweimal besucht und von den erzielten Resultaten ihrer Arbeit Bericht erstattet. Huber war ein

Schüler der Fellenbergschen Erziehungsanstalt in Hofwil. Durch ihn ist der innere Kontakt der Genossenschaftsbewegung mit der ideellen schweizerischen Vorbewegung, die in Pestalozzi ihren theoretisch-konstruktiven Höhepunkt erreicht, hergestellt.

Der Zusammenhang der früheren, sich nur ausnahmsweise wirtschaftlich äußernden Bestrebungen der gemeinnützigen Gesellschaften und der mehr wirtschaftlich orientierten Selbsthilfeunternehmungen der Arbeiter und Bürger schien auch in Basel gänzlich verloren zu sein. Da stand zur rechten Zeit ein Mann auf, der die Huberschen Ideen in ihrer ganzen Tragweite erfaßte und sie nun zu verwirklichen suchte. Dies war Bernhard Collin-Bernoulli, ein hochgebildeter Kaufmann. Die Volksgenossenschaft, die Assoziation, der alle Schichten der Bevölkerung angehören sollten, gedachte er durch die Organisation des Einkommens zu begründen. Er wollte das Einkommen der ganzen Bevölkerung durch die Kasse der Genossenschaft fließen lassen, um durch die Ersparnisse, die bei voller Bedarfsgütervermittlung gemacht werden, weitere im Dienste und im Besitze der Allgemeinheit stehende Anstalten zu schaffen. Schon der Name, den er dem Unternehmen gab, Allgemeiner Consumverein, tat deutlich die Absicht kund, ein Werk zu schaffen, das weit entfernt ist von aller sozialen und politischen Sonderbündelei. Es gelang Collin im Jahre 1865 im Verein mit Hoffmann-Merian und dem Redakteur des radikalen „Volksfreundes" (der jetzigen „Nationalzeitung"), Wilhelm Klein, eine aus allen Ständen zusammengesetzte Mitgliedschaft zu werben. Die Arbeiter, welche unmittelbar vorher eine eigene Einkaufsvereinigung gegründet hatten, verschmolzen ihr Unternehmen mit dem Allgemeinen Consumverein und traten ihm ihren Laden ab. Ein praktisches Hilfsmittel war den Gründern das eben erschienene Büchlein von Ed. Pfeiffer in Stuttgart über die Konsumvereine.

Collins Experiment gelang glänzend. Schon nach wenigen Jahren erlangte der Basler Verein eine achtbare Stellung unter den schweizerischen Vereinen; er wurde viel besucht, viel um Rat angegangen und immer in den Vordergrund gestellt, wenn eine gemeinsame Aktion der schweizerischen Konsumentenorganisationen einzuleiten war. Schwankungen im Wachstum zeigten sich natürlich auch bei der Basler Genossenschaft, so vor allem in den ersten drei und in den 80er Jahren; aber keine Krise war so stark, daß sie die auf dem soliden Fundament errichtete Assoziation zu untergraben vermochte. Basel war auch der

Hort der zu Beginn der 90er Jahre sich ausbreitenden Erneuerungs=
tendenzen der Bewegung, die nicht nur zur Erweiterung der Be=
triebe der einzelnen Vereine, sondern auch zur Gründung des Zentral=
organs, des Verbandes schweizerischer Konsumvereine führte.

Sowohl der Zürcher wie der Basler Konsumverein haben eine
mächtige Wirkung ausgeübt. Die rasch gewachsene Zürcher Organi=
sation hat sowohl nach Osten wie nach Westen hin zu Gründungen
angeregt. Eine Reihe von Vereinen entstand in den Jahren 1851 bis
1853 am Zürichsee und in der welschen Schweiz. Ja man kam sogar
schon im Jahre 1853 zusammen, um die Errichtung einer Groß=
einkaufszentrale zu beraten. Aber der an den Zürcher Verein
erteilte Auftrag kam damals nicht zur Ausführung. Von den vielen
gegründeten Vereinen sind nur wenige am Leben geblieben. So
Horgen am Zürichsee und Fontainemelon im Kanton Neuenburg.
Dieser Verein hat bis heute die Rechtsform der Aktiengesellschaft bei=
behalten. In Lausanne existiert neben dem zum V. S. K. gehören=
den Verein die Société vaudoise de consommation, die eben=
falls in der ersten Periode gegründet wurde. Sie betreibt ein Restaurant
und eine Metzgerei. Diese Assoziation gab den Anstoß zu einem im
Jahre 1858 erschienenen Werk von Edouard Raoux, Philosophie=
professor an der Universität Lausanne, über die Konsumvereine. Es
trägt den Titel: „Des Sociétés mutuelles de consommation".
Dieses Handbuch zur Einrichtung von Konsumvereinen ist also sieben
Jahre vor dem Pfeifferschen erschienen. Raoux ist seinerzeit, wie Huber,
der Zeit weit vorausgeeilt; nicht nur darin, daß er die soziale Bedeutung
der Konsumvereine erkannte, sondern er stellte auch Verwaltungs=
grundsätze auf, die noch heute ihre Geltung haben.

Ein besserer Kern von Konsumvereinen bildete sich vor und nach
der Gründung des Basler Allgemeinen Consumvereins. Eine voraus=
gegangene Gründungsperiode zeigt das Glarnerland. Dort schuf im
Jahre 1863 der Fabrikant Jenny=Ryffel in Schwanden einen Ver=
ein nach Rochdaler Muster, wie er es selbst in England kennengelernt
hatte. Die Schwandauer Assoziation fand Nachfolgerinnen in den benach=
barten Gemeinden; aber die Bewegung griff nicht weiter um sich; auch
konnte sie keine Organisationen schaffen, die ähnlich der Basler die
ganze Einwohnerschaft umfaßten. Erst nachdem Collin=Bernoulli die
für die Schweiz passende Form der Konsumgenossenschaft erdacht hatte,
konnten sich prosperierende Vereine bilden. Die meisten größeren

schweizerischen Städte und hauptsächlich die großen Industriedörfer erhielten damals ihre Genossenschaften. Der Grund, warum die nach dem Muster des Zürcher Konsumvereins gebildeten Assoziationen nur selten gedeihen konnten, lag daran, daß das Rückvergütungsprinzip damals noch nicht bekannt war. Man verkaufte wie vormals die, auch in der Schweiz nicht unbekannten, Vereine der Vor-Rochdaler Periode zu möglichst niedrigen Nettopreisen, um die Waren recht billig abgeben zu können. Die Bildung von Reservekapital war bei diesem System nur in geringem Maße möglich. Die leichteste Krise konnte die Unternehmen gefährden, weil die Verluste aus dem Vermögen gedeckt werden mußten, statt aus dem für die Rückvergütung zur Verfügung stehenden Überschuß. Der Zürcher Verein zum Beispiel mußte öfters sein angesammeltes Vermögen streichen, ehe er zum Rochdaler Gewinnverteilungssystem überging. Auch der Basler Verein hatte schwere Zeiten durchzumachen; allein er hat immer die Reserven gerettet. Die Rückvergütung wurde einfach reduziert und so verhindert, daß das gemeinsame Unternehmen den entstandenen Verlust zu tragen hatte. Die Mitglieder erhielten sogar einmal nur 1,4 Prozent von ihren Bezügen rückerstattet. Die sichere Kalkulationsmethode bildete sich erst mit den Jahren heraus. Im Anfang ergaben sich große Schwankungen im Prozentsatz der Rückvergütung; man verstand es noch nicht, das Zuwenig der mageren Jahre durch das Zuviel der vorhergegangenen guten Jahre auszugleichen, d. h. vorsorglich stille Reserven auf den Warenbeständen anzulegen. Es ist hauptsächlich das Verdienst des Basler Vereinsverwalters Samuel Schaffner, die richtige Methode der Verkaufspreisberechnung eingeführt zu haben.

Die Gründung der Basler Assoziation wirkte in gleichem Maße wie die des Zürcher Vereins belebend auf die weitere Ausdehnung der Bewegung in der ganzen Schweiz. Im benachbarten Baselbiet, im Kanton Aargau und in der Ostschweiz, besonders im Kanton Zürich, entstanden viele Vereine. Sie unterschieden sich gegenüber den in der ersten Periode gegründeten durch ihre längere Lebensdauer. Viele davon existieren heute noch und haben die Form der Aktiengesellschaft mit der der Genossenschaft vertauscht. Auch in der welschen Schweiz machte sich während des sechsten Jahrzehnts eine außerordentlich rege Gründungstätigkeit bemerkbar. Es ist nicht anzunehmen, daß dabei allein die Einflüsse der deutsch-schweizerischen Bewegung sich geltend gemacht haben, sondern in gleichem Maße wirkten die Schriften der französischen Assozialisten Proudhon, Fourier, Viktor Considérant, Le Pequeur, Buchez. Durch die Schrift von Raoux war der Bewegung ebenfalls neue Nahrung zugeführt worden. Überdies wirkte noch der Kongreß der internationalen Arbeiterassoziation befruchtend. Dieser Kongreß wurde im Jahre 1866 in Genf abgehalten. In einer Resolution vertrat jene Arbeiterinternationale den Standpunkt, daß das Genossenschaftswesen einen der Faktoren der gegenwärtigen Entwicklung der Gesellschaft bilde, daß es aber nicht die Macht besitze, von sich aus allein eine soziale Umgestaltung durchzuführen. Von solcher Auffassung ausgehend, sie aber mehr auf den Konsum als auf die Produktion anwendend, gründeten die Genfer Arbeiter im Herbst des Jahres 1866 die Konsumgenossenschaft „La Fidélité". Sie hatte ziemlich langen Bestand, brachte es aber nicht zu einer größeren Entwicklung. Hingegen konnte die im Jahre 1868 ins Leben getretene Société cooperative Suisse de Consommation sich in schönster Weise entfalten. Ihre Gründer, Edmond Pictet und Autran, stellten die Assoziation ganz auf die Grundsätze der Rochdaler Weber. Sie nahm ursprünglich nur Schweizer Bürger auf, weil sie sich der vom Kongreß ausgelösten internationalen Strömung widersetzen wollte. Diese Ausschließlichkeit hielt sie indessen nicht lange aufrecht und öffnete bald ihre Tore dem allgemeinen Zustrom. Die Société cooperative Suisse de Consommation in Genf wurde für die welschschweizerische Bewegung, was der Basler Allgemeine Konsumverein für die deutschschweizerische. Nach ihrem Vorbild entstanden besonders in den Uhrmachergegenden des Berner und Neuenburger Jura viele Genossenschaften.

Diese zweite Blütezeit läßt auch den schon im Jahre 1853 erwogenen Plan der Gründung eines Verbandes der Konsumvereine wieder auftauchen. Am 8. August 1869 trafen sich die Vertreter der Vereine von Zürich, Basel, Bern, Grenchen, Biel und Olten in Olten, das schon seit dem Jahre 1862 eine blühende Konsumgenossenschaft besaß. Unter dem Vorsitz von Nationalrat von Arx aus Olten wurden Statuten beraten und angenommen. Sie sahen zuerst nur eine lose Verbindung der Vereine vor, ohne die Errichtung einer Einkaufszentrale. Als im Jahre darauf die Einladungen zur Teilnahme an der Mitgliedschaft ergingen, zeigte sich, daß man der Sache noch fremd gegenüberstand. Die Verwirklichung des Verbandsprojektes mußte noch volle zwanzig weitere Jahre auf sich warten lassen.

Die 70er und die 80er Jahre zeigen keine rege Gründungstätigkeit. Es erfolgte kein geistiger Anstoß, der neue Gesichtspunkte in die Bewegung hineinwarf und zu eifriger Tätigkeit anspornte. Die bestehenden Vereine hatten teilweise schwer um ihr Dasein zu kämpfen, weil die Wirtschaftskrise der Nachkriegsjahre ihre Leistungsfähigkeit auf eine harte Probe stellte. Doch die Kräfte schlummerten nur; es brauchte nur eines Anstoßes, um sie mit Urgewalt hervorbrechen zu lassen. Wenden wir uns einen Augenblick nach Basel und sehen wir, wie sich der Allgemeine Consumverein dort entwickelte.

Im Jahre 1872 hatte er nach einem raschen Aufstieg schon den Millionenumsatz erreicht. Dann kam eine Periode der Stagnation, die bis zum Jahre 1880 dauerte. Während dieser Zeit ist der Verein innerlich erstarkt, sowohl organisatorisch wie finanziell. Er hatte deshalb die nötige Festigkeit, um die großen Aufgaben zu lösen, die bald nachher an ihn herantraten. Zuerst mußte er seine Betriebe vergrößern, den Sitz der Zentrale zweimal verlegen und gegen das Ende des achten Jahrzehnts auf den Wunsch der Mitglieder die Milchvermittlung an die Hand nehmen. Die Organisation dieses neuen Geschäftszweiges ist für das Unternehmen von großer Bedeutung geworden. Der private Milchhandel hatte seine Aufgabe bisher in so schlechter Weise gelöst, daß die Basler Bevölkerung froh war, ihren Milchbedarf beim Consumverein decken zu können. Ein gewaltiges Anwachsen der Mitgliedschaft und des Umsatzes war die Folge: aus den 1,2 Mill. im Jahre 1880 wurden 4,4 Mill. im Jahre 1890. Ein gutes Stück der Eroberung des Wirtschaftsgebietes war schon geleistet; die neu entstandenen Quartiere der damals rasch wachsenden Stadt brauchte man nur rechtzeitig zu besetzen, um unbestrittener Herr im Lebensmittelhandel zu bleiben. Diese großartige, keineswegs überstürzt, sondern planmäßig durchgeführte Expansion war das Werk ausgezeichneter Männer, die damals das Vereinsschiff mit fester Hand steuerten. Christian Gaß, Cölestin Stadelmann und später J. Fr. Schär schufen der Genossenschaft zusammen mit dem treuen Verwalter Schaffner die neuen Betriebe und die grundlegenden Änderungen in der Organisation. Für die schweizerische Gesamtbewegung war es ein großes Glück, daß der Basler Verein sich damals in jeder Beziehung konsolidierte; denn die 90er Jahre brachten die föderalistischen Bestrebungen der schweizerischen Konsumvereine. Diese konnten nur gedeihen, wenn ein Glied der neuen Organisation seine tragfähigen Schultern unterschob. Der Allgemeine Consumverein in Basel, der alle anderen Konsumgenossenschaften des Landes überholt hatte, besaß in Schär die Persönlichkeit, die den schwierigen Aufgaben der Errichtung der Zentralstelle und der Verfolgung einer konsumentenfreundlichen Zollpolitik, die der neue Verband zu lösen hatte, in jeder Beziehung gewachsen war. Es darf hier nicht unerwähnt bleiben, daß zu Beginn der 80er Jahre auch ein Geschäftszweig aufgehoben wurde, nämlich die alte Schlächterei, die im Jahre 1871 errichtet worden war. Der Grund dieses Mißerfolgs lag in der zu kleinen Anlage, der schlechten Kontrolle und der mangelhaften Ausgestaltung des Schlachtlokals und des Ladens. Die Beschränkung der Schlachtungen auf Ochsen hat ebenfalls die mangelhafte Prosperität des Unternehmens verschuldet. Was hier in ängstlicher Zurückhaltung zu klein angelegt worden war, das hat man 17 Jahre später auf breiterer Grundlage wieder angefangen und schließlich einen großen Erfolg erzielt.

In den 80er Jahren wurden in der ganzen Schweiz viel weniger Vereine gegründet als in den beiden vorangegangenen Dekaden. Die Gründungen erfolgten nur vereinzelt; es läßt sich keine einheitliche Strömung konstatieren. Der größte Verein, der in diesem Jahrzehnt ins Leben trat, ist die Société de Consommation in La Chaux de Fonds. Trotzdem bei ihrer Gründung im Jahre 1887 das neue Genossenschaftsrecht bestand, nahm sie doch die Form der Aktiengesellschaft an. Die Bemühungen des Verbandes schweizerischer Konsumvereine, sie zu einer anderen Rechtsform zu bringen, haben bisher nichts gefruchtet; sie hat den Charakter der Aktiengesellschaft beibehalten. Die organisierte Arbeiterschaft des „größten Dorfes" der Schweiz und der Zentrale der schweizerischen Uhrmacherei sah sich deshalb im Jahre 1907 veranlaßt, eine eigene Genossenschaft, die Société Coopérative des Syndicats, zu gründen. Dieser Uhrmachergewerkschaftskonsumverein konnte sich dank einer vorzüglichen Leitung gegen die alte Gesellschaft durchsetzen. Durch die Gründung eines Milchgeschäfts und durch eine Reihe von Fusionen benachbarter Genossenschaften gelang es ihm, die Aktiengesellschaft in den Schatten zu stellen. Nur in einer Hinsicht ist sie der Letzteren noch unterlegen, nämlich in der Höhe der Reserven. Die Aktiengesellschaft verfügte im Jahre 1920 bei einem Umsatz von 2 775 889 Fr. über einen Fonds von 872 066 Fr., während die „Coopératives Réunis", wie der junge Bezirkskonsumverein nun heißt, im gleichen Jahre bei einem Verkauf von 7 819 358 Fr. nur ein Vermögen von 352 053 Fr. besaßen. Die Aktiengesellschaft verteilte 15 % Rückvergütung (794 600 Fr.) und die Genossenschaft 265 000 Fr. oder 8 % und für gewisse Artikel nur 5 %. Der Existenzkampf des jüngeren Unternehmens ist also zweifellos kein leichter; denn die finanzkräftige, mit kolossalen Rücklagen ausgestattete 20 Jahre ältere Organisation kann ihr eine spürbare Konkurrenz bereiten. Eine andere Aktiengesellschaft, die in den 80er Jahren gegründet wurde, ist der Konsumverein Sitten. Dieser ist jedoch ganz kapitalistisch entartet und gehört deshalb dem Verband schweizerischer Konsumvereine nicht mehr an.

Mit dem Beginn der 90er Jahre trat die schweizerische Konsumgenossenschaftsbewegung in ihre dritte Periode ein. Sie ist gekennzeichnet durch eine geistige Erneuerung, die sich nicht nur in der Schweiz, sondern auch in Deutschland durchzusetzen begann. Einen sehr großen Einfluß übte besonders das Buch von Beatrice Webb-Potter über die britische Genossenschaftsbewegung aus, das eben in deutscher Übersetzung herausgekommen war. Die vielen Vergrößerungsprojekte und das allgemeine Erstarken der Bewegung wirkten in besonderem Maße stimulierend auf die Gründungstätigkeit. Das glänzende Dreigestirn des Basler Consumvereins, Gaß, Stadelmann und Schär, hatte durch sein Wirken die Genossenschaft trotz starker Anfeindungen von einem Erfolg zum anderen geführt und den Grund zur gänzlichen Besetzung des Wirtschaftsgebietes gelegt. Dadurch war der Bewegung eine neue Perspektive eröffnet worden. Der umfassende Gedanke, der Organisation des Einkommens der ganzen Bevölkerung, der Schaffung der Volksgenossenschaft, der alle Stände und Berufe angehören sollten, war wieder lebendig geworden. Jetzt konnte man auch eher daran denken, die Verbandsidee wieder zu erwägen. Der erste Anstoß hierzu ging von Genf aus, das durch Pictet der Basler Genossenschaft im Jahre 1886 den Vorschlag machte, sie sollte die Initiative ergreifen, um den schweizerischen Vereinen eine Zentrale zu schaffen, die sie in Schutz nehmen sollte vor den Angriffen der Händler. Diese begannen sich nämlich gegen die Konsumvereine zu wehren, und der Basler Verein hatte eben einen scharfen Disput mit ihnen ausgefochten. Man fand jedoch, daß aus diesem Grunde der Gedanke noch nicht spruchreif geworden sei. Erst die konsumentenfeindliche Zollpolitik der Bundesversammlung brachte die Frage wieder in Fluß. Am 25. September 1889 wurde in der Sitzung des Verwaltungsrates des Basler Vereins ein von Christian Gaß verfaßtes Zirkular verlesen, das die schweizerischen Konsumvereine zur Teilnahme an einer Konferenz in Olten einlud. Am 11. und 12. Januar 1890 fand diese statt, in der nun die Gründung des Verbandes definitiv beschlossen wurde. Schär hielt ein Referat über die Zollpolitik, worin er auf die Tatsache hinwies, daß allein die Mitglieder des Basler Consumvereins im letzten Jahre 73 000 Fr. an indirekten Steuern in Form von Zöllen zu entrichten hatten. Man beschloß, eine Eingabe an die Bundesversammlung zu richten und zu verlangen, daß der im Jahre 1888 beschlossene Zolltarif abgeändert werde. Im Monat April des gleichen Jahres hatten sich schon 50 Vereine zur Mitwirkung angemeldet, was dem Verbandsvorstand ermöglichte, mit dem größten Nachdruck in der Zollkampagne aufzutreten. Die Wünsche der Konsumenten fanden denn auch ihre Berücksichtigung, so daß in der Abstimmung über das Zollgesetz keine Parole für Verwerfung ausgegeben wurde. Es ist bezeichnend, daß man es für geraten fand, mit den Grütlivereinen und den Arbeitervereinen in der Zollkampagne zu kooperieren und eine „Liga gegen die Verteuerung der Lebensmittel" zu gründen.

Die erste Verfassung, die sich der junge Verband gab, sah eine Organisation von lokalen Vereinen vor, die die ideellen und wirtschaftspolitischen Interessen ihrer Glieder vertrat. An der Spitze stand ein Zentralkomitee von fünf Personen, welches vom Vorort — als solcher wurde Basel bezeichnet — bestellt wurde. Eine Delegiertenversammlung, die sich aus ein bis drei Vertretern jeder Genossenschaft zusammensetzte, war das oberste Organ des Verbandes. Sie trat ordentlicherweise einmal im Jahre zusammen. Die finanziellen Mittel wurden durch Jahresbeiträge von 20—60 Fr. pro Verein aufgebracht.

Eine alsbald aufgenommene Statistik der Konsumvereine zeigte, daß von den 47 berichtenden Konsumvereinen erst die Hälfte die Form der Genossenschaft angenommen hatte. Die Vereine zählten 35 000 Mitglieder, besaßen 2 300 000 Fr. Kapital und wiesen einen Umsatz von 14 500 000 Fr. auf mit einem Nettoüberschuß von 1 184 000 Fr. Eine reiche Tätigkeit entfaltete der Verband, als vom Jahre 1892 an J. F. Schär, damals Lehrer an der oberen Realschule in Basel, zum Präsidenten gewählt wurde. Sein großes Verdienst ist es, die Umwandlung des vereinsmäßig organisierten Verbandes in eine Wirtschaftsgenossenschaft vollzogen zu haben. Mit den letzten Monaten des Jahres 1892 begann die Warenvermittlung, allerdings zuerst nur kommissionsweise. Diese Umwandlung des Verbandes hatte eine Krise zur Folge. 17 Vereine von den 51 erklärten ihren Austritt. Diese Flucht der Ängstlichen hat indessen nicht vermocht, den Verband in seiner Entwicklung aufzuhalten, sondern sie hat nur dazu beigetragen, seine Prinzipien zu läutern und ihm in allen Teilen ein fortschrittliches Gepräge zu verleihen. Die prächtigen Ansprachen, mit denen Schär die Tagungen eröffnete, zeigen aufs schönste, von welchem Geiste die damalige Verbandsleitung beseelt war. Die Warenvermittlung machte ständig Fortschritte, trotzdem erst im Jahre 1908 der Umsatz des größten Verbandsvereins, des Allgemeinen Konsumvereins Basel, überholt werden konnte. Im Jahre 1896 beteiligte man sich an der Landesausstellung in Genf. Bei diesem Anlaß ließ der Verbandsvorstand die Geschichte der schweizerischen Konsumgenossenschaften durch Dr. H. Müller, den nachmaligen Verbandssekretär, verfassen. Es war sehr weitsichtig, dieses Werk zu einer Zeit in Arbeit zu nehmen, wo die Erinnerung an viele alte, zum Teil schon eingegangene Vereine noch lebendig war, und wo die Führer der ersten und zweiten Bewegung noch lebten: Bürkli, Treichler, Collin-Bernoulli und andere Gründer des Zürcher und Basler Konsumvereins, sowie Mitglieder der ersten Basler Konsumvereine.

Das von Dr. Müller geleitete Verbandssekretariat entfaltete eine intensive Propagandatätigkeit. Die Zahl der Vereine stieg rasch, und die Konsumenten schlossen sich in Scharen den Lokalorganisationen an. Im Jahre 1900 waren aus den anno 1893 verbliebenen 38 Vereinen schon 116 geworden, im Jahre 1905 204, 1910 328. Eine gute Wahl traf der Verbandsvorstand, als er Bernhard Jäggi zum Leiter der kommerziellen Abteilung wählte. Es mußten in den nächsten Jahren große Lagerhäuser in Betrieb genommen werden; an Eigenproduktion war hingegen noch nicht zu denken. Der Übergang zur Eigenproduktion im großen erfolgte erst in den Jahren 1911 und 1912 mit der Eröffnung der Buchdruckerei, der Schuhfabrik und der Gründung der Mühlengenossenschaft schw. Konsumvereine. Im zweiten Fall war der Boykott der Schuhfabrikanten die Veranlassung des Übergangs zur Selbstherstellung, im dritten Fall die Weigerung der Müller in Zürich, den dortigen Konsumvereinen Mehl zu liefern. Es traf sich zufällig, daß der Besitzer der größten schweizerischen Mühle, der Stadtmühle in Zürich, sein Etablissement wegen finanzieller Schwierigkeiten verkaufen wollte. Da griff man rasch entschlossen zu und erwarb die technisch sehr gut ausgestattete Anlage. Innerhalb weniger Jahre konnte ein beträchtlicher Teil des Kapitals amortisiert werden. Der Verband schweizerischer Konsumvereine übernahm den Betrieb nicht auf eigene Rechnung, sondern er gründete eine Zweckgenossenschaft, die Mühlengenossenschaft schweizerischer Konsumvereine. Die Mitglieder verpflichteten sich, ihren gesamten Mehlbezug von der eigenen Mühle zu beziehen.

Einen anderen Weg des Übergangs zur Eigenproduktion hat der Verband schweizerischer Konsumvereine im Jahre 1914 eingeschlagen durch seine Beteiligung als Hauptaktionär an der Großschlächterei Bell A.-G. in Basel. Die Frage der Fleischvermittlung hatte die schweizerischen Konsumvereine schon seit Jahren beschäftigt. Das Beispiel des Allgemeinen Consumvereins in Basel, der mit seiner Metzgerei gute Erfahrungen machte, wirkte ermutigend. Einige Vereine entschlossen sich sogar zur Errichtung von Schlächtereilokalen, die von der Basler Genossenschaft beliefert wurden. Der Umsatz mit diesen betrug über eine Million Franken. Für die ganze schweizerische Bewegung war aber die Lösung der Frage auf diesem Wege nicht denkbar; denn die Anlage des Allgemeinen Consumvereins war nur für die Versorgung der Stadt Basel eingerichtet und entbehrte vor allem des Geleiseanschlusses. Deshalb trat an den Verband die Notwendigkeit heran, selbst eine für den Export eingerichtete Großschlächterei zu erbauen.

Als schwerster Konkurrent war auf diesem Gebiete die Firma Bell A.-G. in Basel zu fürchten, die eben die größten Ortschaften der Zentral- und Westschweiz mit Filialen belegt hatte. Der geschäftliche Erfolg des Unternehmens war ein glänzender. Im Jahre 1913 war der Umsatz schon auf 20 Mill. Fr. gestiegen. 120 Filialen dienten dem Verkauf. Ein genossenschaftliches Konkurrenzunternehmen hätte deshalb wenig Chancen gehabt. Die Leitung des Verbandes entschloß sich aus diesen Gründen zur Übernahme der Mehrheit der Aktien der Bell-Gesellschaft, um auf diesem Wege sich das Besitzrecht an der Großschlächterei zu erwerben und nicht genötigt zu sein, selbst ein ähnliches Unternehmen mit einem gewaltigen Kapitalaufwand zu errichten. Diese sogenannte Bell-Allianz ist als ein genossenschaftlicher Irrweg bezeichnet worden. Sie bedeutet in der Tat eine ungewöhnliche Art des Übergangs einer Genossenschaft zur Selbstproduktion. Über die Zweckmäßigkeit des Vorgehens ist nichts Nachteiliges zu sagen. Die vortrefflichen Einrichtungen der Bell-Gesellschaft ermöglichen eine

gute Bedienung der Verbandsvereine, da die Fabrik mit 100 Kühl=
wagen und mit allem Nötigen versehen ist, um Fleisch, Wurstwaren
und andere Schlächtereiprodukte nach allen Gegenden der Schweiz zu
versenden. In Basel verständigte sich die Bell A.=G. mit dem dortigen
Consumverein, indem sie ihm die weitere Belegung der Stadt mit
Filialen überließ. Vom genossenschaftlichen Standpunkt aus könnte
man befürchten, daß ein Produktivunternehmen in Form einer Aktien=
gesellschaft vom Endziel der Genossenschaft ablenke und eine neue Ära
der Konsumverein=Aktiengesellschaften einleite, die Mitglieder der Ver=
eine irreführe, zur Verwechslung der beiden Unternehmungsformen
beitrage und überhaupt den demokratischen Gedanken und das Er=
ziehungsideal der Bewegung mit Füßen trete. Demgegenüber ist zu
sagen, daß nicht die Bell=A.=G. die Genossenschaft aufgekauft hat,
sondern die Genossenschaft die Aktiengesellschaft. Da der Verband die
Mehrheit der Aktien besitzt, kann er die Umwandlung des Unternehmens
in die gemeinwirtschaftliche Form vollziehen, wann er will. Die Haupt=
sache bleibt jedoch, daß der Verband ein Unternehmen besitzt, das im=
stande ist, sich selbst einen Abnehmerkreis zu sichern, wenn sich
derjenige, den ihm die Konsumgenossenschaften eröffnen, als zu eng
erweisen sollte. In einem kleinen Lande wie der Schweiz kann ein
solches groß angelegtes Etablissement nur prosperieren, wenn ihm das
ganze Land als Absatzgebiet zur Verfügung steht. Sollte der Zeitpunkt
einmal kommen, wo das schweizerische Wirtschaftsleben sich in dem
Maße genossenschaftlich umgestellt hat, daß anzunehmen ist, die Konsum=
vereine seien selbst in der Lage, dem Bell=Unternehmen genügenden
Absatz zu sichern, so kann die Metamorphose immer noch vorgenommen
werden.

Die wirtschaftspolitische Tätigkeit des Verbandes bezog
sich hauptsächlich auf den Kampf um die Zolltarife und um die gerechte
Besteuerung der lokalen Konsumvereine. Von der ersten Zoll=
kampagne haben wir schon bei der Gründung gesprochen. Die zweite
erfolgte im Jahre 1902, als die Bauersame einen Schutzzolltarif
verlangte und die Bundesversammlung dem Begehren entsprach.
In der Referendums=Abstimmung (30 000 Stimmberechtigte können
diese verlangen) wurde jedoch das neue Zollgesetz angenommen. Die
dritte Kampagne dauert zur Zeit noch an. Sie richtet sich gegen die von
der Bundesversammlung dem Bundesrat erteilte Vollmacht zur Er=
höhung der Zölle und zum Erlaß von Einfuhrbeschränkungen. Der

Verband ist zuerst nur zögernd in diesen Kampf gegangen, weil er bei der Abstimmung vom Jahre 1912 sich viele Sympathien auf dem Lande verscherzte. Da er seitdem noch viel mehr in die Breite gewachsen ist, scheint sein Risiko in Zollkämpfen ein noch größeres zu sein. Die Delegiertenversammlung vom Jahre 1921 hat sich jedoch mit Einmütigkeit entschlossen, die Initiative zur Abschaffung der Zollerhebungskompetenz des Bundesrates zu ergreifen. Die Abstimmung ergab jedoch Ablehnung. Ein anderes Gebiet politischer Betätigung des Verbandes bildet die Gewerbegesetzgebung. Im Kanton Bern wurde zum Beispiel zweimal ein reaktionäres Gewerbegesetz, das die Bewegungsfreiheit der Konsumgenossenschaften stark eingeschränkt hätte, abgelehnt. Der Verband hat dabei mit Hilfe seiner Propagandaabteilung nicht wenig zur Verwerfung des Gesetzes in der Volksabstimmung beigetragen.

Diese genannte Abteilung hat in den beiden letzten Jahrzehnten Bedeutendes geleistet zur Ausbreitung des Genossenschaftswesens. Als vorzügliches Hilfsmittel steht ihr eine Presse zur Verfügung, die sehr weit verbreitet ist. Die Presseabteilung arbeitet vielseitig, weil sie Organe in allen drei Landessprachen herausgeben muß. Das älteste Fachorgan ist der „Schweizer Konsumverein", eine allwöchentlich erscheinende Zeitschrift für die Verwaltungen und Behörden der deutschschweizerischen Verbandsvereine. Von diesem ersten Organ löste sich bald der zweisprachige „Warenbericht" ab, der über die Lage auf dem Warenmarkt informierte. Das „Bulletin" hat nun diese Aufgabe übernommen. Mit der Schaffung eines Konsumentenblattes konnte natürlich erst begonnen werden, als die Vereine sich entschlossen, eine solche Zeitung für ihre ganze Mitgliedschaft zu abonnieren. Zuerst vierzehntägig, dann achttägig, erscheint nun das „Genossenschaftliche Volksblatt", für die französische Schweiz die „Coopération" und für die italienische Schweiz die „Cooperazione". Das französische Fachblatt „Le Coopérateur Suisse" kommt erst seit einigen Jahren heraus. Alle drei Volksblätter haben zusammen eine Auflage von über 300 000 Exemplaren. Im Vergleich zu der Gesamtzahl von 370 000 im Verband Schweizerischer Konsumvereine organisierten Konsumenten bedeutet dies eine sehr große Verbreitung der genossenschaftlichen Presse. Eine illustrierte Monatsschrift, die der Verband seit zehn Jahren unter dem Titel „Samenkörner" herausgibt, dient der Unterhaltung, Belehrung und Erziehung.

Eine wichtige Aufgabe hat der Verband kurz vor dem Weltkrieg übernommen durch die Ermittlung einer Indexziffer der Lebenshaltung. Die Grundlage der Berechnung bot eine im Jahre 1912 vom Schweizerischen Arbeiterbund veranstaltete Erhebung über die Lebenshaltung von 800 Arbeiterfamilien. Diese Indexzahl bot während des Krieges einen guten Maßstab zur arithmetischen Messung der Verteuerung der Nahrungsmittel. Erst in der Nachkriegszeit haben kantonale und eidgenössische statistische Ämter sich dazu aufgeschwungen, eigene Indexziffern zu berechnen.

Die verschiedenen Gegenden der Schweiz sind nach der Gründung des Verbandes sukzessive bearbeitet worden. Besonders die Gebirgskantone und die rein landwirtschaftlichen Gegenden boten noch ein weites Feld der Beackerung. Im Kanton Wallis konnte nur Schritt für Schritt vorgedrungen werden; es gelang eigentlich erst mit der Eröffnung der Bahnen und mit dem Einziehen der Industrie, dort Fuß zu fassen. In Graubünden zeigte sich ebenfalls die Erscheinung, daß erst mit dem Eindringen der modernen Verkehrsmittel und des entsprechenden Bedienungspersonals die Genossenschaft ihren Einzug halten kann. Am allerspätesten hat die Konsumgenossenschaft im Kanton Tessin Fuß gefaßt. In Bellinzona wurde im Jahre 1903 der erste tessinische Verein gegründet. Trotzdem ist heute der ennetbirgische Kanton für die Bewegung beinahe vollständig gewonnen. Es bestehen dort schon 60 Konsumvereine. Wenn man bedenkt, daß in der ganzen Schweiz 500 existieren, so muß diese Zahl sogar als sehr hoch erscheinen. Eine junge Bewegung zählt jedoch immer mehr Vereine als eine alte, weil Fusionen noch nicht stattgefunden haben. Während mehrerer Jahre sind solche Verschmelzungen von der Basler Zentrale aus mit Nachdruck gefördert worden; allein in der letzten Zeit ist man davon abgekommen, weil die Gründung von genossenschaftlichen Großbetrieben nicht immer die erhofften wirtschaftlichen Vorteile mit sich brachte und eine intensive Durchdringung des Gebiets mit genossenschaftlichem Geist ausgeschlossen war. Der Abstand zwischen den Vereinsbehörden und der Mitgliedschaft wurde zu groß, das gegenseitige Verantwortungsbewußtsein schwand; statt der bescheidenen Einfachheit kehrte mit dem Erstarken der Organisation die Lust ein, große Ausgaben zu machen, schöne Einrichtungen zu erstellen und Saläre zu zahlen, die über die der privaten Konkurrenz hinausgingen.

Der Verband hat deshalb einen energischen Vorstoß gemacht zur

Vertiefung der Genossenschaftsidee und zur Wiedererlangung der früheren Einfachheit und Sparsamkeit. Dahin zielen unter anderem auch die Grundsätze, die zum Zwecke umfassender Neuorientierung in den Ende 1921 publizierten „Richtlinien zur weiteren Entwicklung der Genossenschaftsbewegung" umrissen wurden. Danach erscheint als die ideelle Form der konsumgenossenschaftlichen Grundorganisation die Form einer kleineren, in sich geschlossenen Wirtschaftsgemeinde, die sich unter Umgehung aller vermeidbaren Unkosten in der einfachsten Weise selbst verwaltet und im Anschluß an föderalistische Verbandsorgane eine möglichst umfassende Selbstversorgung betreibt, so daß der ganze Wirtschaftskreis als ein erweiterter, in allen seinen Teilen aber durchaus übersichtlicher genossenschaftlicher Haushalt erscheint, durch den der einzelnen Familienökonomie die Energien und Vorteile der Großwirtschaft erschlossen werden. Eine derartige kleine Wirtschaftsgemeinde hat der V. S. K. selbst geschaffen: Statt seine Konjunkturgewinne aus der Kriegszeit an die eidgenössische Kriegssteuerverwaltung abzuliefern, hat er von dem gesetzlichen Recht Gebrauch gemacht und die Summe von 7,5 Mill. Fr. zugunsten eines sozialen Werkes verwendet. Mit dem Geld, das sich durch Zinsen auf über 8 Mill. erhöhte, wurde vom Jahre 1919 bis 1921 die Siedlung „Freidorf" geschaffen. Sie besteht aus 150 Einfamilienhäusern, die mit wenigen Ausnahmen von den Angestellten des Verbandes bewohnt werden. Alle Siedler haben sich von vornherein verpflichtet, ihre sämtlichen Bedürfnisse, die die Genossenschaft ihnen vermittelt, im eigenen Betrieb zu decken. Gegenseitige Hilfeleistung von Person zu Person, wie im organisatorischen Rahmen des ganzen Gemeinwesens, ist die selbstverständliche Pflicht der Siedler. In allen Verwaltungszweigen und überhaupt in allen Angelegenheiten der Genossenschaft werden die Dienste, soweit sie nicht besondere technische Kenntnisse oder die volle Beschäftigung einer Kraft bedingen, ehrenamtlich und unentgeltlich geleistet. Eine Reihe von Kommissionen sorgt für die Sicherheit der Anlage und der Bewohner, die wirtschaftlichen, kulturellen und geselligen Bedürfnisse. In einem großen Gemeinschaftshaus, das noch im Bau begriffen ist und das in seiner Längsfront 68 Meter und an der Schmalseite 16 Meter mißt, sollen alle Bestrebungen einen gemeinsamen Mittelpunkt finden. Es wird deshalb einen Laden, ein Restaurant mit Gastzimmern, Sitzungs- und Lesezimmer, sowie einen großen, an 600 Personen fassenden Versammlungs-, Vortrags- und Theatersaal enthalten. Aus der Mitte des Daches wird sich ein schlanker Turm mit Uhr und Glockenspiel erheben. Das Gemeinschaftshaus wird auch der gegebene Mittelpunkt des sozialpädagogischen Erziehungswerkes sein, das im Geiste und nach der Methode Pestalozzis betrieben werden soll und wofür in der Erziehungskommission, der Gertrudgruppe und der genossenschaftlichen Jugendlehre bereits Ansätze geschaffen wurden. Die den schon erwähnten „Richtlinien" angeschlossenen „Leitsätze und Erziehungsprinzipien für die Siedelungsgenossenschaft Freidorf" umschreiben den Erziehungsplan. Weitere Aufschlüsse über den äußeren und inneren Aufbau, die bisherige Entwicklungsgeschichte und die Ziele der werdenden Genossenschaftsgemeinde geben die einschlägigen Abhandlungen Bernhard Jäggis und Ulrich Meyers in Prof. Totomianz' „Antologie des Genossenschaftswesens", Berlin 1922, S. 146—157, sowie die 1923 unter dem Titel „Siedelungsgenossenschaft Freidorf" veröffentlichte Monographie mit eingehenden Abhandlungen von Prof. Dr. J. F. Schär, Dr. Henri Faucherre und dem Architekten Hannes Meyer, dem Baumeister der Anlage.

Die Mietzinsen, die die Siedler bezahlen, stehen in keinem Verhältnis zum investierten Kapital. Da aber das ganze Kapital geschenkt wurde, so ist eine Verzinsung auch nicht notwendig. Der volle Überschuß über die Unterhaltkosten wird deshalb — falls ihn der Fiskus nicht wegsteuert — zur Anlage einer neuen Siedlung an einem anderen Ort der Schweiz verwendet. So wird das eine Dorf immer wieder neue erzeugen und mit diesen zusammen in immer schnellerer Folge im ganzen Lande herum gleichartige genossenschaftliche Siedlungen entstehen lassen.

Im Zusammenhang mit diesem, der ganzen konsumgenossenschaftlichen Bewegung neue Bahnen erschließendem Plane, steht die in den Organismus der Freidorfgemeinde verwobene Spar- und Hilfskasse, deren Zweckgedanke es ist, für die Einleitung eines umfassenden genossenschaftlichen Kapitalbildungsprozesses ein Vorbild zu schaffen. Die Teilnahme an dieser Spargemeinschaft ist dem freiwilligen Entschlusse jedes Mitgliedes der Siedlungsgenossenschaft anheimgegeben; aber jede Person, die beitritt, hat, solange sie der Spargemeinschaft angehört, jeden Tag 10 Cts. (einen Batzen) oder wöchentlich 0,70 Fr., die wöchentlich durch Kinder eingesammelt werden, einzubezahlen. Das Guthaben bleibt unverzinslich, solange es nicht den Betrag von 100 Fr.

erreicht, was bei diesem Einzahlungsmodus nach Ablauf von zwei Jahren und neun Monaten der Fall ist. Bis dahin fallen die aufgelaufenen Zinsen aus dem einbezahlten Gesamtkapital einem besonderen Gemeinschaftsfonds zu, der in der Hauptsache zur Bestreitung der Einziehungskosten verwendet werden soll, zunächst aber als ein sich automatisch vermehrendes Gemeinschaftskapital akkumuliert wird.

Die Einleger haben das Recht, jederzeit über ihr Guthaben zu verfügen; es wird aber angenommen, daß die Sparer für die einmal begonnene Besitzbildungsaktion Verständnis gewinnen und daß das einbezahlte Kapital zum weit überwiegenden Teile stehen bleibt, wie dies ja bei allen Sparkassen auf sicherer Grundlage der Fall zu sein pflegt. Werden überdies noch Zins und Zinseszins dem anwachsenden Kapital zugeschrieben, so muß sich in verhältnismäßig kurzer Zeit eine beträchtliche Sparsumme bilden, deren stetiges Wachstum sich sozusagen vor den Augen der gesamten Genossenschaftsgemeinde abspielt und so die Geheimnisse der organischen Kapitalbildung durch die Anschauung entschleiert. Die Freidörfler Spar- und Hilfskasse verfügt schon heute über einen Bestand von über 20 000 Fr., und da ihr als Frucht der Batzensammlung jedes Jahr 8000 bis 9000 Fr. zufließen, so dürfte sie nach Verlauf von zehn Jahren, ohne Zins und Zinseszins, bereits eine Kapitalsumme von 80 000 bis 100 000 Fr. erreicht haben.

Denkt man sich nun diese Sparorganisation, die im Freidorf bisher glatt funktionierte und sich stärker entwickelte, als erwartet worden war, auf sämtliche Verbandsvereine mit ihren mehr als 350 000 Mitgliedern und des weiteren auf die neu zu bildenden Siedelungsgenossenschaften übertragen, so öffnen sich die Schleusen eines gewaltigen genossenschaftlichen Kapitalbildungsprozesses, der ungeahnte Möglichkeiten für den Ausbau eines Genossenschaftssozialismus im Sinne V. A. Hubers erschließt, zugleich aber auch dessen Ideal der allmählichen Rückvergütungsakkumulation der Verwirklichung näher treibt. Mit der Aussicht, wenigstens einen beträchtlichen Teil der Konsumdividenden dieser in jedem Lande in die Millionen gehenden Spargelder festzuhalten, rückt auch die Möglichkeit der Einleitung eines zweiten genossenschaftlichen Kapitalbildungsprozesses näher, was sowohl für die individuelle wie für die gemeinwirtschaftliche Besitzbildung von größter Tragweite wäre, nicht zuletzt auch darum, weil die Neigung zum Vollbezug aus den gemeinschaftlichen Läden dadurch einen höchst wirksamen Antrieb erfahren würde. Die wohltätigen Wirkungen, welche für intensive und extensive Solidarisierung der Genossenschaftsbewegung von diesem archimedischen Punkte ausgehen können, sind fast unübersehbar. In der Freidorfer Genossenschaftsgemeinde ist der Vollbezug schon annähernd erreicht; denn die in Betracht kommenden 148 Familien haben einen jährlichen Gesamtumsatz von 450 000 Fr. erzielt, so daß seit dem zweijährigen Bestand der Genossenschaftsgemeinde nicht weniger als 80 000 Fr. rückvergütet werden konnten. Ein beträchtlicher Teil dieser Summe verwandelte sich in Sparkapital, und außerdem konnte noch ein Reservefonds von 20 000 Fr. gebildet werden.

Diese Erfolge sind schon Tatsache, und deren Verallgemeinerung steht im Grunde nichts im Wege als die Verknöcherung und unzureichende konsumgenossenschaftliche Organisations-, Verwaltungs- und Verteilungsprinzipien, die einem falschen Zentralismus verfielen und so die natürlichen Kräfte des „Kooperativ-Einfachen" verloren. Diese Kräfte sind in dem Wesen der Freidorfer Genossenschaftsgemeinde wieder gefunden, und hierin liegt die eigentliche Bedeutung des Vorbildes für die ganze konsum- und siedelungsgenossenschaftliche Bewegung. Für beide Organisationsformen, in denen wir die organischen Keimgebilde einer einheitlichen genossenschaftlichen Ordnung zu erblicken haben, sind drei Methoden genossenschaftlicher Kapitalbildung gegeben, deren Ansätze in der Freidörfler Genossenschaftsgemeinde deutlich zu erkennen sind. Zur Auslösung ihrer möglichen lokalen und allgemeinen Wirkungen bedarf es allerdings des ideellen und sachlich bildenden Einflusses eines methodischen und kontinuierlichen Erziehungsankers, an dessen Grundlage in der Freidörfler Genossenschaftsgemeinde, wie angedeutet wurde, mit allen zurzeit verfügbaren Kräften gearbeitet wird.

* * *

Von den vom Verband gegründeten Zweckgenossenschaften sind noch zu nennen: Die Versicherungsanstalt Schweizerischer Konsumvereine, eine gut funktionierende Angestelltenversicherung, der bis zum Jahre 1922 47 Verbandsvereine mit 3345 Bediensteten beigetreten sind. Für die große Masse der Mitglieder der Lokalvereine besteht die „Volksfürsorge", die Lebensversicherungen und Altersversicherungen abschließt. Die Milcheinkaufsgenossenschaft Schweizerischer Konsumvereine ist eine Kriegsgründung; sie wurde ins Leben gerufen, als die Bauernverbände zur Zeit der Milchknappheit die Konsumentenorganisationen nicht mehr in genügender Weise beliefern wollten. Die Schweizerische Genossenschaft für Gemüsebau ist ebenfalls während des Krieges entstanden. Sie soll die noch der Urbarmachung harrenden kulturfähigen Sumpfböden im Interesse der Förderung der Inlandsproduktion bearbeiten und das produzierte Gemüse den Konsumvereinen verkaufen. Bis jetzt ist dieses Unternehmen, das ebenfalls während der Kriegszeit entstanden ist, noch nie in der Lage gewesen, einen normalen Geschäftsgewinn zu erzielen, weil mehrere Jahre nötig sind, um aus den erschlossenen Böden normale Ernten zu erzielen. Die im Jahre 1919 gegründete Möbelvermittlungsgenossenschaft hat bis jetzt, trotz ihrer ideellen Erfolge, noch keine guten finanziellen Resultate erzielen können. Ihr Tätigkeitsfeld scheint sie sich in langer, zäher Arbeit erst erringen zu müssen. Sie kämpft zurzeit gegen die Valutaeinfuhr.

Während der Kriegsjahre sind die schweizerischen Konsumvereine auch Besitzer von Landgütern geworden. Im Jahre 1916 kaufte der Verband zwei Bauernhöfe, um auf experimentellem Wege die Rentabilität der Landwirtschaft zu erforschen. Im Jahre 1918 folgte der A. C. V. Basel diesem Beispiel. Der Grund des Übergangs zur landwirtschaftlichen Eigenproduktion war hier nicht der Wunsch, durch eigene Erfahrung ein Urteil über die Betriebsresultate der Bauerngüter sich zu bilden, sondern die dringende Notwendigkeit, genügende Mengen Kindermilch für die Säuglinge und Futter für die Pferde zu erhalten. Auf Gütern, die in der Nähe von Basel gelegen sind, hoffte man ferner Gemüse und Obst zu gewinnen. Auch andere Konsumgenossenschaften des Landes versuchten durch eigene Landwirtschaftsbetriebe Milch zu erzeugen.

Die wenigen Jahre lassen natürlich noch kein abschließendes Urteil über die Möglichkeit der eigenen Landwirtschaft zu; denn die Güter wurden zu hohen Preisen erworben und mußten erst nach und nach mit Vieh und Gerätschaften für den intensiven Betrieb ausgerüstet werden. Zieht man die vorliegenden Ergebnisse zusammen, so kommt man zu folgendem Resultat: In der Periode der höchsten Preise der landwirtschaftlichen Produkte zeigte sich, daß eine Rendite möglich ist. Wie aber die Preise zu sinken begannen, so schmolzen die Erträgnisse zusammen. Das Jahr 1921 zeigte bereits große Verluste, sowohl bei den Gütern des Verbandes wie des A. C. V.

Die einzelnen Güter, die durch Verwalter, welche am Ertrag interessiert sind, bewirtschaftet werden, zeigten sehr verschiedene finanzielle Ergebnisse; beeinflußt durch die Witterung und den Gesundheitszustand des Viehes, kann das gleiche Gut in einem Jahr gut, im anderen schlecht rentieren. Die Periode schwankender Preisverhältnisse muß überwunden sein, um mit Sicherheit sagen zu können, ob die landwirtschaftliche Eigenproduktion sich für Konsumgenossenschaften eignet oder nicht. Über den Umfang der Betriebe mögen einige Zahlen orientieren. Der Verband bewirtschaftete im Jahre 1921 sieben Liegenschaften im Gesamtausmaß von 393,85 Hektar mit einem Viehbestand von 168 Kühen, 65 Rindern, 19 Kälbern, 10 Zuchtstieren, 3 Ochsen, 22 Pferden, 48 Schweinen, 3 Schafen. Der Allgemeine Consumverein in Basel betrieb im Jahre 1922 fünf Güter, wovon drei in seinem eigenen Besitz sind (ein viertes ist verpachtet). Diese vier umfassen eine Fläche von 173,2 Hektar. Der Viehbestand bezifferte sich Ende 1922 auf 21 Pferde, 135 Kühe, 5 Ochsen und 11 Rinder, 2 Kälber und 102 Schweine. Aus diesen Angaben mag ersichtlich sein, daß nicht in kleinlicher Weise operiert wurde, sondern daß man danach trachtete, durch die Inbetriebnahme von verschiedenen Gütern, die sich in praktischer Weise ergänzen (Milchbetriebe, Weidgüter mit Wald und Ackerbaubetriebe), eine rationelle Großwirtschaft zu schaffen, der alle Vorteile der Kapitalintensität zugute kommen.

Infolge der großen Verluste, die der Verband und der A. C. V. in den letzten Jahren unter den Einwirkungen des Preisabbaues, besonders auch in den verschiedenen Zweigen seiner landwirtschaftlichen Betriebe erlitt, schritt man zur teilweisen Verpachtung der Güter. Das gleiche tat auch der Allgemeine Consumverein beider Basel mit einem seiner Höfe. Es ist indessen nicht ausgeschlossen, daß später, besonders in Hinsicht auf die Fortschritte der Siedelungsbewegung, in anderer Form zur Erweiterung der landwirtschaftlichen Produktion geschritten wird.

Zum Schluß noch einige Zahlen über den Stand der Bewegung: Im Jahre 1921 waren nach den provisorischen Ergebnissen der Verbandsstatistik 505 Vereine im Verbande Schweizerischer Konsumvereine organisiert, davon 485 eigentliche Konsumvereine. Diese besaßen 1914 Läden in 952 politischen Gemeinden. Die Zahl der Mitglieder betrug 369 074, die der Angestellten 7431. Der Warenumsatz belief sich auf die Summe von 337 366 085 Fr.; er war um 6 430 440 Fr. größer als im Vorjahr. Die Vermehrung der Einnahmen im Jahre starker Preis=

rückgänge ist ein Zeichen dafür, daß die Vereine stets noch Eroberungen zu machen und ihr Wirtschaftsgebiet noch nicht vollkommen bearbeitet haben, wie dies zum Beispiel bei der Basler Genossenschaft der Fall ist. Bei einem Total aller Bilanzsummen von 172 231 373 Fr. beziffert sich der Buchwert aller Liegenschaften auf 65 788 042 Fr., das Vermögen auf 18 965 911 Fr. Es hat um 398 888 Fr. abgenommen. Hier zeigen sich die Einwirkungen der Wirtschaftskrise. Die Baisse aller Lebensmittelpreise hat auf den Warenbeständen große Werteinbußen verursacht. Trotz dieser Vermögensverluste hat aber das Vertrauen der Mitglieder in die Sicherheit der Sparkassen nicht abgenommen, denn die einbezahlten Depositengelder stiegen um 6 382 363 Fr. und die Obligationen um 4 357 717 Fr. Erstere erreichen damit einen Bestand von 43 885 927 Fr., letztere von 26 033 279 Fr. Die Organisation der Sparkraft der Konsumenten ist also der schweizerischen Genossenschaftsbewegung bis jetzt nur in geringem Maße gelungen. Unter den Vereinen gibt es sehr kapitalreiche und sehr kapitalarme; beispielsweise gehört zu den ersteren der Allgemeine Konsumverein Basel wie übrigens auch der Verband Schweizerischer Konsumvereine. In Basel haben die Mitglieder ihrem Unternehmen 14,7 Mill. Fr. anvertraut. Der Consumverein ist damit in die Lage versetzt, alle neu entstehenden Quartiere, die seit zwei Jahren beinahe wie Pilze aus dem Boden schießen, mit Geschäftshäusern zu versehen und so der privaten Konkurrenz, die übrigens selten den Versuch macht, neues Gebiet zu besetzen, zuvorzukommen. Der Vereinsarchitekt hat jedes Jahr einige Pläne von solchen Neubauten zu entwerfen, die natürlich immer der neuen Siedlung entsprechend architektonisch gestaltet werden.

Die Kriegs- und Nachkriegszeit hat den schweizerischen Konsumvereinen Sorgen bereitet. Während des Krieges galt es, genügende Mengen Waren zu beschaffen, diese zu möglichst niedrigen Preisen an ihre Mitglieder abzugeben, und in der Nachkriegszeit war es die Aufgabe der Konsumvereine, den Preisabbau nach Möglichkeit durchzuführen, ohne durch die Warenlagerentwertung das Unternehmen an den Rand des Ruins zu bringen. Aufschlagen geht aber leichter als Abschlagen, letzteres insbesondere bei den Löhnen. Für viele Verbandsvereine ist deshalb die Nachkriegszeit zu einer äußerst kritischen geworden. Die Entwertungen der Warenlager verursachten Verluste, die Vereinen, welche sich in den letzten Jahren stark ausgedehnt hatten, öfters zum Verhängnis wurden. Die stillen Reserven waren aus

Mangel an Weitblick manchmal nicht genügend bedacht oder zum Teil schon aufgebraucht worden. Die Mitglieder, an die Rückvergütung gewöhnt und durch Arbeitslosigkeit und Verdienstausfall geschädigt, verlangten gebieterisch ihre Konsumdividenden. Einige Vereine haben die Krise nicht überstehen können, liquidieren oder gar in Konkurs treten müssen.

Eine schwere Sorge bereitet gegenwärtig den schweizerischen Konsumgenossenschaften das Verhältnis zu ihrer Arbeiterschaft. Die Lohnfrage ist durch den Preisabbau nicht mehr von den Angestellten selber, sondern von den Verwaltungen aufgeworfen worden. Durch das Vorgehen der privaten Konkurrenz, die dazu überging, die Lohnskala parallel der Preisskala zum Sinken zu bringen, sind die Vereine gezwungen, zur Kündigung der Tarifverträge zu schreiten, wenn sie nicht eine Beeinträchtigung der Konkurrenzfähigkeit erfahren sollen. Die Stellung der Arbeiterschaft ist aber innerhalb der Genossenschaften eine sehr starke geworden, weil die Lohnkämpfe in der Haussezeit die gewerkschaftliche Solidarität geweckt und dazu verleitet haben, vom Gemeinschaftsbetrieb mehr zu verlangen, als er zu tragen vermag. Die Genossenschaft steht aber in einem ganz anderen Verhältnis zu ihren Bediensteten als der private Unternehmer. Sie haben ersterer gegenüber Rechte, die die Angestellten privater Betriebe nicht besitzen. In ihrer Eigenschaft als Mitglieder können sie diese Rechte auch mit Nachdruck zur Geltung bringen. Ein einseitiges Hervorkehren des Produzentenstandpunktes kann deshalb die Gefahr in sich schließen, die Gemeinwirtschaft zugunsten der Privatwirtschaft zu schädigen.

Deshalb ist auch momentan nicht davon die Rede, zu vermehrter Eigenproduktion zu schreiten; denn trotz der besseren Organisation, die die genossenschaftliche Gütervermittlung ermöglicht, kann der großen Unkosten wegen der Konsumverein seine Konkurrenzfähigkeit gegenüber den Privatunternehmen nur mit großer Mühe behaupten. Es wird deshalb nichts anderes übrig bleiben, als den für die Schweiz geeigneten Weg: die Gründung von Zweckgenossenschaften, besonders auf föderalistischer Grundlage, und die Beteiligung an anderen Betrieben gemeinwirtschaftlicher Natur zu beschreiten und so von der Warenvermittlung zur Produktion überzugehen. Besonders durch die Gründung von Zweckgenossenschaften ist es ermöglicht, den Vereinen ein unmittelbares Interesse an den genossenschaftlichen Produktivbetrieben beizubringen, sofern sie, wie der Verband, für das Wohl und Wehe dieser

Produktivanstalten verantwortlich sind. Die zentralistischen Regiebetriebe des Verbandes vermögen nicht ein gleich lebhaftes Interesse der Verbandsglieder an dem Gedeihen der genossenschaftlichen Eigenproduktion zu erwecken, wie dies bei den Zweckgenossenschaften der Fall ist. Die Eigenbetriebe des Verbandes sind auch nicht in der Lage, ihren Abnehmerkreis über die Vereine hinaus auszudehnen. Um deshalb nicht der Gefahr ausgesetzt zu sein, ein kleines Unternehmen kümmerlich aufrechterhalten zu müssen, ist es angezeigt, eine breitere Operationsbasis zu schaffen. Als Beispiele solcher Produktivunternehmungen sind vor allem anzuführen, die bereits erwähnten: die Mühlengenossenschaft Schweizerischer Konsumvereine, die Genossenschaft für Gemüsebau und die Genossenschaft für Möbelvermittlung. Der Verband ist außerdem an verschiedenen Unternehmungen beteiligt, die teils auf gemeinwirtschaftlicher, teils auf privatkapitalistischer Basis errichtet sind.

Gut gedeihen wird zweifellos der Handelsbetrieb der schweizerischen Konsumvereine. Hier kommt die rationelle Betriebsweise des organisch entwickelten Wirtschaftskörpers zur vollen Geltung. Insbesondere das Kolonialwarengeschäft, das in der Importtätigkeit des Verbandes seinen Anfang und in dem Detailverkauf der Vereine an die Konsumenten sein Ende nimmt, wird stets ein lohnendes Arbeitsfeld sein. Der Ausbau in der Zukunft wird nicht zur Zentralisation, sondern zur Dezentralisation tendieren. Es hat sich gezeigt, daß große Wirtschaftskörper spesenfressende Ungeheuer sind, während kleinere Betriebe rascher und billiger arbeiten können. Es ist vorgesehen, den Verband regional zu organisieren und so die einzelnen Landesgegenden intensiver zu bearbeiten. Schon jetzt bestehen in den verschiedenen Gegenden Lagerhäuser, außer den in und um Basel gelegenen. Diese Dezentralisation soll aber auch auf das geistige Gebiet, auf die Förderung der in sich geschlossenen Genossenschaftsgemeinde, übertragen werden. Der im Freidorf lebendig gewordene Gedanke der reinen Selbstverwaltung und der genossenschaftlichen Erziehung muß in der ganzen konsumgenossenschaftlichen Schweiz Anhänger finden. Die wirtschaftende Gemeinde, welche im Sinne Pestalozzis die Dorfgenossen wie die Glieder einer Familie zusammenschmiedet, muß zur Wirklichkeit werden. Jeder Teilnehmer an der Bewegung soll sich bewußt sein, daß er ein Glied eines Ganzen ist, in dem er mit seinen individuellen Kräften mithelfen kann, den Bau der wirtschaftlichen Eidgenossenschaft zu fördern und zu vollenden.

6*

Printed by Libri Plureos GmbH
in Hamburg, Germany